Alisa Childers
Leb deine Wahrheit und andere Lügen

AF124653

www.fontis-verlag.com

Für meinen Mann Mike,
der standhaft an der Wahrheit festhält

Alisa Childers

Leb deine Wahrheit und andere Lügen

*Typische Täuschungen, die unser Leben
in die Enge treiben*

Bibliografische Information der Deutschen Nationalbibliothek
Die Deutsche Nationalbibliothek verzeichnet diese Publikation in der
Deutschen Nationalbibliografie; detaillierte bibliografische Daten sind im
Internet über www.dnb.de abrufbar.

Der Fontis-Verlag wird von 2021 bis 2024
vom Schweizer Bundesamt für Kultur unterstützt.

Originally published in English in the U.S.A. under the title:
Live Your Truth and Other Lies, by Alisa Childers
Copyright © 2022 by Alisa Childers
German edition © 2023 by Fontis Verlag
with permission of Tyndale House Publishers.
All rights reserved.

Ursprünglich auf Englisch in den USA unter dem Titel veröffentlicht:
Live Your Truth and Other Lies, von Alisa Childers
Copyright © 2022 by Alisa Childers
Deutsche Ausgabe © 2023 by Fontis Verlag
mit freundlicher Genehmigung von Tyndale House Publishers.
Alle Rechte vorbehalten.

© 2023 by Fontis-Verlag Basel

Die Bibelstellen wurden, soweit nicht anders angegeben,
folgender Übersetzung entnommen:
Hoffnung für alle®, Copyright © 1983, 1996, 2002, 2015 by Biblica, Inc.®.
Herausgegeben von Fontis Basel
(Abkürzungen anderer verwendeter Bibelübersetzungen: **SL:** Bibeltext der
Schlachter, Copyright © 2000 Genfer Bibelgesellschaft, **ELB:** Elberfelder
Bibel 2006, © by SCM R.Brockhaus in der SCM Verlagsgruppe GmbH,
Witten/Holzgerlingen, **LUT:** Die Bibel nach Martin Luthers Übersetzung,
revidiert 2017, © 2016 Deutsche Bibelgesellschaft, Stuttgart.)

Übersetzung: Debora Hübler
Umschlag: Spoon Design, Langgöns
Satz: InnoSet AG, Justin Messmer, Basel
Druck: Finidr
Gedruckt in der Tschechischen Republik

ISBN 978-3-03848-262-8

Inhalt

1.
Flugzeuge

Vertrau mir! (Auch wenn ich das noch nie gemacht habe)

Die Liebkosungen der Mutwilligen wollen gefallen; doch nichts ist liebenswürdiger als deine Huld, und keine Liebe ist heilsamer als die Liebe zu deiner Wahrheit, die vor allem schön und lichtvoll ist.[1]

Augustinus: Bekenntnisse

Mein Finger lag auf der Maustaste. Alles in mir wollte auf «Liken» und «Teilen» drücken. *Was hält mich zurück?*, fragte ich mich. Der Autor des Zitats war Christ, seine Worte vor mir auf dem Bildschirm klangen positiv und lebensbejahend, und sie würden meine Social-Media-Freunde sicherlich ermutigen und aufbauen.

Ich konnte es trotzdem nicht teilen.

Warum?

Mein Zeigefinger tippte immer wieder leicht auf die Maustaste, während ich über mein Zögern nachdachte. Dann wurde es mir plötzlich klar, als würde der Heilige Geist sagen: «Stop!» Obwohl es so schön klang, war dieses Zitat *nicht biblisch.* Es war eigentlich *eine Lüge* ... eine nette kleine Lüge.

Kennst du solche Situationen? Ich kann dir nicht sagen, wie oft ich schon meine Social-Media-Kanäle durchgeschaut habe, dabei Sprüche wie «Folge deinem Herzen» las und dachte: *Oh. Das ist schön.* Ich klickte auf «Liken», ohne darüber nachzudenken.

Moment mal. Das letzte Mal, als ich einfach «meinem Herzen folgte», wurde es da nicht in Stücke gerissen, und brauchte es nicht Jahre der Seelsorge, um wieder heil zu werden?

«Vertrau deinen Instinkten. Sie lügen nie.» Dieser Spruch brachte mich vors Verkehrsgericht.

Was, wenn diese Mottos, die so positiv und lebensfroh klingen, eigentlich Lügen sind, welche Wahrheit, Wirklichkeit und Hoffnung ins Wanken bringen? Ich bin überzeugt: Sich auf solche Sprüche zu verlassen, kann unnötige Schmerzen und Verwirrung verursachen.

In anderen Fällen macht es uns vom jeweiligen Tagestrend im Internet abhängig. Bist du es auch leid, auf Social Media nachschauen zu müssen, was du denken sollst? Hast du auch die jeweils angesagten Selbsthilfebücher satt, die Freiheit versprechen, dir aber nur lange Listen an die Hand geben – Studien, die du berücksichtigen, positive Affirmationen, die du aussprechen, Facebook-Gruppen, denen du beitreten, wichtige Anliegen, für die du dich einsetzen und weitere Bücher, die du lesen sollst? (Wäre es wirklich «Selbst»-Hilfe, wäre Unterstützung von außen doch gar nicht nötig, oder?)

Im oben beschriebenen Moment des Zögerns, ausgelöst durch einen simplen Spruch, erkannte ich, dass es unzählige Wege gibt, wie die Wahrheit verdreht, manipuliert, verschleiert und dafür benutzt werden kann, in die Irre zu führen. Oft wird die Lüge auch in religiöser Sprache verpackt, sodass man dazu verleitet wird, sie ohne nachzudenken weiterzugeben. Wie A. W. Tozer sagte: «Zu viel des zeitgenössischen Christentums wurde den weltlichen Philosophien und anderen Religionen entlehnt – Phrasen und Sprüche, die bedeutsam klingen, aber nicht in der Schrift verwurzelt sind und die hauptsächlich das eigene Selbstbild stärken.»[2]

Diese netten, kleinen Lügen sind plakative Behauptungen, die gut, zuverlässig, optimistisch und konstruktiv klingen. Sie eignen sich hervorragend, um auf ein Kissen gestickt, als Meme digitalisiert oder in einen Slogan verwandelt zu werden. Für gewöhnlich sind sie positiv formuliert, wie zum Beispiel: «Glaub an dich» oder «Du bist perfekt, so wie du bist». Ich denke, die besten Lügen sind diejenigen, die am schönsten klingen. Sie sind mindestens zu 50 % wahr. Manchmal sind sie fast komplett wahr. Aber dieses eine kleine Stückchen, das fehlt und damit die Bedeutung verdreht – das ist das Zünglein an der Waage.

In unserer Gesellschaft kursieren unzählige Sprüche, die Frieden, Erfüllung, Freiheit, Kraft und Hoffnung versprechen. Diese Botschaften sind solch ein fester Bestandteil des allgemeinen Bewusstseins geworden, dass viele Leute nicht im Traum daran denken, sie zu hinterfragen. Sie klingen nett und erzeugen eine Illusion von Wahrheit. Oft werden sie auch von Influencern verbreitet, die sich Christen nennen. Sie bewerben ihre Aussagen, als stünden sie im Einklang mit christlichen Grundsätzen, veröffentlichen sie in christlichen Formaten und präsentieren sie auf christlichen Veranstaltungen.

Das Problem daran?

Es sind Lügen.

Rat von Anfängern

Mehr als je zuvor schauen die Menschen heute auf ihr *eigenes* Herz, ihre Meinungen, Vorlieben, Vorurteile und Veranlagungen, um durchs Leben zu navigieren. Mit anderen Worten: Wir haben gelernt, unseren Gefühlen zu vertrauen. Aber was bringt uns das? Es führt zu einer ganzen Reihe von Problemen. Und … haben wir uns in vielen Fällen nicht *selbst* in diesen Schlamassel gebracht?

Heute gehen Autoren, Influencer und Lebensberatungs-Gurus mit ihren persönlichen Transformationsgeschichten als Vorbilder für andere hausieren. Ihr Rat basiert oft auf sehr aktuellen, lebensverändernden Entscheidungen, die sie im Moment glücklich zu machen scheinen, die aber noch nicht den Test der Zeit bestanden haben. Oft verwerfen sie dabei jahrtausendealte Weisheit (die Bibel) und setzen sich über jahrhundertealte Beispiele glaubensstarker Bibellehrer hinweg (Elisabeth Elliot? Wie prüde! Spurgeon? Lang-wei-lig!). Lieber versuchen sie es mit anderen Lehren oder Vorbildern – die sie selbst erst seit circa fünf Minuten kennen.

In manchen Fällen kommen ihre Bücher wenige Monate nach ihrer Scheidung oder nach einer Affäre heraus, die ihnen geholfen hat, ihr wahres Ich zu entdecken.

Und wir sollen es diesen Leuten gleichtun?

Liebe Leserin, lieber Leser, hör zu. Bitte nimm keinen Rat fürs Leben von jemandem an, der mitten in einer großen Krise steckt. Beruht der Rat nicht auf bewährten, biblischen Weisheiten und verweist nicht auf Christus (sondern dich selbst), wäre es weise, die Pausetaste zu drücken, einmal abzuwarten und zu beobachten, wie sich das alles in den nächsten zehn Jahren entwickelt.

Rat von jemandem anzunehmen, weil er lustig, selbstbewusst oder Instagram-versiert ist, erinnert mich an ein hypothetisches Szenario über den Wolken: Dazu solltest du wissen, dass ich in mehr Flugzeugen gesessen habe, als ich zählen kann. Bei Flügen am frühen Morgen kann ich in jedem Flugzeug, auf jedem Platz, in jeder Reihe einschlafen. Ich habe hierzu meine ganz eigene Methode entwickelt: Vor dem Abflug packe ich mein Nackenkissen aus, stecke mir Kopfhörer in die Ohren, bedecke die Augen mit der Kapuze meines Hoodies und ziehe die Bänder fest. Mit zurückgelehntem Kopf – lediglich Nase und Mund schauen aus dem Hoodie-Loch hervor – befinde ich mich in der Regel bereits im Schlummerland, wenn das Flugzeug abhebt. Wache ich bis zur Landung nicht auf, betrachte ich es als einen persönlichen Sieg. Wenn mir keiner der Mitreisenden einen Käsecracker in den beim Schlaf weit geöffneten Mund wirft, ist es ein doppelter Sieg.

Offensichtlich neige ich nicht dazu, auf Flügen nervös zu werden. Ich schlafe wie ein Baby. Vielleicht weil ich schon so oft geflogen bin oder weil ich an andere Dinge denke. Ich glaube, hauptsächlich, weil ich weiß, dass Piloten sehr gründlich und streng ausgebildet werden … besonders für Passagierflüge, bei denen das Leben so vieler Menschen auf dem Spiel steht. Schlussendlich vertraue ich darauf, dass mich die Fluggesellschaft sicher ans Ziel bringt.

Aber stell dir vor, ich würde in ein Flugzeug einsteigen, wo der Pilot direkt nach dem Abflug verkündet: «Guten Morgen, sehr geehrte Damen und Herren. Ich danke Ihnen, dass Sie mich heute auf meinem allerersten Flug begleiten. Machen Sie sich keine Sorgen, ich habe ganz schön viel Theorieunterricht und mehrere Stunden im Flugsimulator hinter mir. Ach, und unser Co-Pilot ist heute Morgen verhindert, aber ich bin zuversichtlich, dass ich es hinbekomme und Sie alle sicher und rechtzeitig an Ihr Ziel bringen werde.»

Kannst du dir vorstellen, wie groß die Angst der Passagiere in diesem Moment wäre? Denn ein Großteil unseres Sicherheitsgefühls im Leben basiert auf *Vertrauen*.

Die Frage ist: Was beziehungsweise wem können wir vertrauen, wenn es um Leben, Tod, Moral und Sinnhaftigkeit geht? Ich denke nicht, dass es eine Übertreibung ist zu behaupten, dass unsere Gesellschaft noch nie so gespalten, polarisiert oder misstrauisch gewesen ist wie heute. Niemand weiß, woher man verlässliche Informationen bekommen kann – egal zu welchem Thema, ob Brownie-Rezepte, persönliche Gesundheit, Moral oder Politik. Und besonders unter jungen Menschen steigt die Zahl der von Depressionen und Angsterkrankungen Betroffenen rasant an.[3]

Ich weiß nicht, wie das bei dir ist, aber ich finde es erschöpfend, auf das zu vertrauen, was die lautesten und aktuell beliebtesten Stimmen sagen. Oftmals gleichen diese Stimmen dem frisch von der Ausbildung kommenden Flugzeugpiloten von oben, der die Passagiere informiert, dass er noch nie zuvor geflogen ist, aber dass sie ihm unbedingt ihr Leben anvertrauen sollten. Es ist wie: «Hallo, ich bin ein Selbsthilfeguru, der immer wieder echt schlechte Entscheidungen trifft, und viele meiner Beziehungen liegen in Trümmern. Aber ich bin dabei super authentisch, deshalb solltest du mich als Coach nehmen.»

Eine solide Grundlage schaffen

Liebe Leserin, lieber Leser, ich möchte eine mutige Behauptung in den Raum stellen. Ich denke, dass nichts befreiender und stabilisierender ist, als diesen Unsinn links liegen zu lassen und sich neu an den zeitlosen Wahrheiten der Bibel festzuhalten. Dieser Schritt kann Angst lindern, Depressionen bezwingen und ein rastloses Herz beruhigen. Anzuerkennen, wer wir in Christus sind, ist die beste Selbstfürsorge, weil das Wort Gottes nicht von einer sich ständig verändernden Gesellschaft abhängig ist.

Du solltest wissen, dass dieses Buch von dem Grundgedanken ausgeht, dass die Bibel maßgebend für unser Leben ist. In meinem ersten Buch *Ankern*[4] habe ich dargelegt, warum ich mein Leben heute, nachdem mein eigener Glaube schwer erschüttert wurde, ganz auf die Grundlage der Bibel baue. Die Quintessenz ist folgende:

Die Bibel hat sich über Tausende von Jahren hinweg bewährt, wurde von Millionen von Menschen bestätigt, die sich durch ihre Wahrheit verändert haben, und hat zahlreichen Gläubigen eine solide Grundlage geboten, Gott zu erkennen und ihren Glauben auszuleben. Es gibt stichhaltige Indizien aus Geschichte, Archäologie und Bibelwissenschaft, dass die Bibel eine genaue Abschrift ist und wir darauf vertrauen können, dass das, was in ihr aufgezeichnet ist, wahr ist.

Jesus sagt uns in Matthäus 24,35, dass seine Worte nie vergehen werden. Wir wissen aus Hebräer 13,8, dass Jesus gestern, heute und in Ewigkeit derselbe ist. Er verändert sich nicht, und was er gesagt hat, bleibt für immer bestehen. Mit anderen Worten: Ich glaube, dass die Bibel das Wort Gottes ist, weil das Jesus' Sichtweise war. Ich bin eine Jesus-Nachfolgerin, und mein Glaube spiegelt wider, was er gelehrt hat.

In Matthäus 7,24 sagt er: «Wer nun auf das hört, was ich gesagt habe, und danach handelt, der ist klug. Man kann ihn mit einem Mann vergleichen, der sein Haus auf felsigen Grund baut.» Er erklärt weiter, dass Regen und Fluten dieses Haus nicht wegspülen und Winde es nicht niederreißen können, egal wie stark der Sturm ist. Gleichzeitig sagt Jesus, wer diese seine Worte hört und nicht ernst nimmt, sei wie ein törichter Mann, der sein Haus auf Sand baut.

Wo sind Jesu Worte niedergeschrieben? Im Neuen Testament. Und was sagt Jesus im Neuen Testament über den Rest der Bibel? Er bezieht sich immer wieder auf die Schriften des Alten Testaments als das «Wort Gottes». Er behauptet auch, *tatsächlich* der Gott des Alten Testaments zu sein. Es gibt deswegen eigentlich keine besonders hervorzuhebenden Stellen in der Bibel. Alles darin gilt. Jesus ist Gott, und Gott inspirierte die Schrift: «Sie soll uns unterweisen; sie hilft uns, unsere Schuld einzusehen, wieder auf den richtigen Weg zu kommen und so zu leben, wie es Gott gefällt» (2. Timotheus 3,16). Sollten wir als seine Anhänger Jesus nicht beim Wort nehmen?[5]

In vielerlei Hinsicht geht es in diesem Buch um die Bibel. Es ist außerdem ein Buch über Logik und Menschenverstand – und auf welch alberne Weise wir uns von diesen abbringen lassen. Vor allem aber handelt dieses Buch davon, wie wir dahin kommen, uns auf das Fundament der Wahrheit Gottes zu stellen …

einer Wahrheit, die sich nicht mit gesellschaftlichen Trends ändert. Wie ein weiser Freund mir einmal sagte: «Lieber eine Hütte auf festem Grund als eine Villa, auf Sand gebaut.»

Im nächsten Kapitel betrachten wir einige Ursachen für das Durcheinander unserer Zeit und beschäftigen uns mit Veränderungen in unserer Sprache und dem Trend, uns um uns selbst zu drehen. In den darauffolgenden Kapiteln werden wir jeweils eine der heute weit verbreiteten Täuschungen untersuchen und diese Lüge im Licht der Bibel betrachten. Ich überlasse am Ende dir, liebe Leserin, und dir lieber Leser, die Entscheidung: Verlässt du dich auf die unveränderliche Wahrheit der von Gott eingegebenen Schrift, oder glaubst du dem trendigen Sprichwort? Du hast die Wahl.

Für mich und meine Familie kann ich nur sagen: Wir haben uns entschieden, auf den Felsen zu bauen. Dem Frieden nachzujagen. Die Hoffnung zu wählen. Und in der Wahrheit zu leben.

2.
Hosen

**Den Turm zu Babel wieder aufbauen –
oder sollte es «Babbeln» heißen?**

«Fragen kann jeder», sagte Herr Wonka. «Was zählt, sind
die Antworten.»[6]

Roald Dahl: Charlie und der große gläserne Fahrstuhl

Einmal hab ich einem christlichen Rockstar aus Großbritannien gesagt, dass mir seine Unterhose gefällt. Na ja, eigentlich wollte ich das *nicht* sagen. Ich wollte ihm das Kompliment machen, dass er eine sehr schöne Hose (englisch: *pants*) anhat. Was ich jedoch damals in England nicht wusste: Ein und dasselbe Wort kann hier eine komplett andere Bedeutung haben als in den USA …

Vor der Veröffentlichung des ersten Albums unserer Band ZOEgirl wurde ich eingeladen, über den großen Teich zu fliegen und an einer Party zu Ehren einer erfolgreichen Rockband teilzunehmen, die eine Reihe von Hits in den USA herausgebracht hatte. Wir würden Tee trinken und Scones mit Devonshire-Cream essen und alles würde wunderbar vornehm sein. Als ausgesprochen introvertierter Mensch war ich allerdings bereits bei der Ankunft wegen all der bevorstehenden sozialen Interaktion nervös. Sich unter Leute mischen, Small Talk führen und über Belangloses reden … das Dreigestirn meines größten Albtraums.

Unsere Luxuslimousine (hatte ich schon erwähnt, dass alles extrem schick war?) fuhr uns zu einem kleinen, abgelegenen Tonstudio, das weit draußen, mitten in der sattgrünen englischen Landschaft, lag. Ich wurde immer ängstlicher, denn mir wurde klar, dass ich wirklich *mit diesen Leuten würde reden* müssen. Diese Musikgruppe hatte buchstäblich den Soundtrack meiner Jugend geschaffen, und ich hatte keine Ahnung, was ich den Bandmitgliedern bei unserer Begegnung sagen sollte.

Bin ich die einzige Introvertierte, die Vermeidungspläne für Partys schmiedet? Mein Plan sieht üblicherweise wie folgt aus: Zuerst gehe ich rein und schaue mich nach den Toiletten um. Dann suche ich diese auf und bleibe dort einen Moment, um die Lage zu sondieren und meinen nächsten Schritt zu planen. Danach linse ich hinter der Toilettentür hervor und suche nach irgendeiner Art Desserttafel oder einem Kaffeetisch. Als Nächstes gehe ich dorthin und nehme mir übermäßig viel Zeit zum Kaffee-Eingießen und Dessertbegutachten. Bis dahin habe ich hoffentlich genügend Mut angesammelt, um das große Mädchen zu geben und mich wie eine Erwachsene zu benehmen.

Aber diesmal lief es anders. Als ich zur Eingangstür hereinkam, wurde mein Vermeidungsplan sofort vereitelt, weil der Frontsänger schon direkt da stand. Uns trennte nur noch ein Tisch mit Gebäck und Fingerfood.

Verblüfft und überrumpelt, fiel mir nichts ein, was ein normaler Mensch sagen würde, und so platzte ich in amerikanischem Englisch heraus: «I like your pants!» – «Mir gefällt deine Hose!» (Zu meiner Verteidigung: Es waren sehr schicke Schlaghosen aus Samt, die an Mick Jagger etwa 1971 erinnerten.)

Der Frontsänger machte zuerst große Augen und lächelte mich dann mitleidig an. Langsam realisierte ich, dass ich gerade einen furchtbaren Fehler begangen hatte. Ich hatte das Wort «pants» benutzt, weil wir im amerikanischen Englisch so zu Hosen sagen. Aber hier in Großbritannien hatte das Wort eine andere Bedeutung – nämlich: «Unterhose»! Ich hatte ihm gerade zu seinen schönen Unterhosen gratuliert!

«Trousers», meinte der Frontsänger. «Wir sagen trousers zu Hosen.» Er nahm es mir nicht übel. Ich dagegen, die gerade aus Versehen meinen christlichen Lieblingssänger belästigt hatte, wollte natürlich schnellstmöglich meinen Job kündigen und nach Kanada auswandern.

Das war also der Moment, in dem mir klar wurde, dass Worte und ihr Kontext entscheidende Bestandteile von Kommunikation sind. Was ich als Oberbekleidung kannte, verstand er als Unterwäsche. «Pants»: ein Wort – zwei unterschiedliche Bedeutungen. Aber man muss gar nicht auf verschiedenen Kontinenten leben, damit es zu Missverständnissen kommt.

Buchstabensalat

Da sich Definitionen und Bedeutungen von Wörtern ständig ändern, kann diese Art von Verwechslung selbst Leuten passieren, die in derselben Nachbarschaft aufgewachsen sind. Nehmen wir zum Beispiel das Wort *Toleranz*. Vor Jahren bedeutete Toleranz, dass man, obwohl man mit der Meinung eines anderen nicht übereinstimmte, sein Recht respektierte, diese kundzutun, und nicht mit Gewalt oder Beschimpfungen darauf reagierte. Das ist allerdings nicht das, was die meisten Leute meinen, wenn sie das Wort heute benutzen. In der heutigen Zeit bedeutet Toleranz oft, die Meinung eines anderen zu begrüßen und zu bestätigen und keinesfalls anzudeuten, dass der andere, objektiv betrachtet, in einer Sache falschliegen könnte – besonders wenn es um Moral oder Religion geht.

Aber diese moderne Verwendung von *Toleranz* ist mehr als nur eine neue Definition. Es ist das genaue Gegenteil von dem, was das Wort *genau genommen* bedeutet. Man kann eine Person nicht tolerieren, wenn man nicht verschiedener Ansicht ist! Diese aktualisierte Definition raubt den Menschen die Möglichkeit, echte Meinungen zu haben … zumindest solche, die sie laut aussprechen dürfen.

Als die englische Schriftstellerin Dorothy Sayers über die sieben Todsünden schrieb, merkte sie an, dass «Toleranz» ein anderes Wort für die Todsünde der Trägheit (Apathie) ist:

«In der Welt nennt es sich Toleranz, aber in der Hölle wird es Verzweiflung genannt … die Sünde, die an nichts glaubt, die nichts kümmert, nichts wissen möchte, in nichts eingreift, nichts genießt, nichts liebt, nichts hasst, in nichts einen Sinn findet, für nichts lebt und nur am Leben bleibt, weil es nichts gibt, wofür sie sterben könnte.»[7]

Aber Toleranz ist nicht das einzige Wort, das ein zeitgemäßes Makeover bekommen hat. Begriffe wie *Liebe*, *Hass*, *Fanatiker*, *männlich*, *weiblich*, *Unterdrückung*, *Gerechtigkeit* und *Wahrheit* – Wörter, von denen in diesem Buch noch die Rede sein wird – werden immer wieder umgedeutet. Man kann sich also die Verwirrung vorstellen, die aufkommt, wenn die Bedeutung von Begriffen nicht klar definiert ist. Es führt dazu, dass wir aneinander vorbeireden und nie zu einer angemessenen Schlussfolgerung kommen, einfach weil wir nicht darüber nachdenken, was unsere Worte bedeuten.

Hillary Morgan Ferrer bezeichnet dieses Phänomen als «Sprachdiebstahl», als «absichtliches Kapern von Begriffen, die Veränderung ihrer Definition und danach Verwendung der gleichen Wörter als Propagandamittel».[8] Ich würde noch ergänzen, dass der Sprachdiebstahl in manchen Fällen unabsichtlich geschieht. Wenn wir nicht aufpassen, in welchem Kontext wir welche Wörter benutzen, können sie sich wandeln und kann sich ihre Verwendung ändern. Dadurch kann es sein, dass wir unbewusst ein ganz neues Vokabular übernehmen, ohne es überhaupt zu merken. Ferrer identifiziert fünf Arten, wie durch Sprachdiebstahl echte Kommunikation untergraben wird:

1. Ein Gespräch kann abbrechen. (Beschuldige deinen ideologischen Gegner einfach der «Hassrede» und die Diskussion ist beendet.)
2. Menschen können dazu gebracht werden, zu handeln, bevor sie ein Thema durchdacht haben. (Warte nicht auf sämtliche Fakten … Spring auf den aktuellen erfolgversprechenden Twitter-Zug auf, damit du nicht abgehängt wirst!)

3. Details werden verschleiert. (Wer muss schon recherchieren, an welche Grundsätze eine bestimmte Organisation glaubt und wie sie sich finanziert, wenn es nach einem guten Zweck *klingt?*)

4. Von Meinungsgegnern wird das Schlimmste angenommen. (Erinnere dich an Twitter 2020, wo jeder, mit dem du nicht einer Meinung warst, dich für «buchstäblich Hitler» hielt.)

5. Letzten Endes wird etwas Negatives als etwas Positives dargestellt beziehungsweise etwas Positives als etwas Negatives. (Denk an die Begriffe *pro-choice* für «Wahlfreiheit» und *reproductive justice* für «reproduktive Gerechtigkeit». Die klingen nett, oder? Es sind positive Ausdrücke, die allerdings verwendet werden, um Menschen von der grausamen Realität der Abtreibung abzulenken und sich als die Guten zu fühlen, wenn sie sich für das Recht auf Abtreibung einsetzen.)[9]

Babel oder Babbeln?

Dies sind nur ein paar Beispiele für die komplizierte Beziehung von uns Menschen zur Sprache. Sie erinnern mich an eine Bibelgeschichte, die wir als Kinder alle gehört haben.

«Damals sprachen die Menschen noch eine einzige Sprache, die allen gemeinsam war», wird in 1. Mose 11,1 berichtet. Die Menschen waren damals sehr von sich überzeugt. Sie kamen aus dem Osten, gründeten eine Stadt und fingen an, einen Turm zu bauen, der bis zum Himmel reichen sollte. Aber dieser Wolkenkratzer erwuchs nicht aus dem demütigen Verlangen, Gott anzubeten. Diejenigen, die ihn errichteten, wollten ihre eigenen Götter werden. «Wir wollen uns selbst einen Namen machen», sagten sie. Aber Gott brachte ihre Sprache durcheinander und verstreute sie über die ganze Erde (Verse 7–8). Ihr kleines Bauprojekt war eingestellt. Sie wollten sich selbst einen Namen machen, aus Angst «über die ganze Erde» zerstreut zu werden (Vers 4). Ironischerweise ist genau das am Ende passiert.

Aber warum sollte Gott sie dafür tadeln, dass sie zueinanderfanden, in Frieden und Einheit lebten und arbeiteten, perfekt kommunizierten und sich Lebensziele setzten, die Elon Musk wie einen Faulenzer aussehen lassen würden?

Ich bin nur ungern Überbringerin schlechter Nachrichten, aber oberflächlicher Frieden und Einheit können täuschen. Das Problem in Babel war nicht, dass die Menschen so gut zusammenarbeiteten. Sondern, dass sie *für ruchlose Zwecke* so gut zusammenarbeiteten. Es ist ein bisschen so wie damals, als meine Kinder noch klein waren und einmal fünfzehn Minuten friedlich miteinander spielten. Sie verschwanden in eins der Zimmer und es wurde ruhig im Haus. Ich wusste kaum etwas mit dieser mir geschenkten Zeit anzufangen. Aber ehe ich mich's versah, tauchten sie wieder auf: Sie hatten sich gegenseitig mit einem Filzstift Umrisse aufs Gesicht gemalt, um diese dann mit Farbe auszumalen, die jetzt in ihren Haaren und Kleidern klebte. Natürlich brachte ich die Kinder nach einer ausgiebigen Säuberungsaktion zunächst in entgegengesetzten Teilen des Hauses unter. Nicht auszudenken, was sie mit mehr Zeit, Ressourcen und besseren Kommunikationsfähigkeiten hätten erreichen können! Ähnlich wie Eltern, die unartige Kinder trennen, trennte Gott die Menschen zu ihrem eigenen Wohl.

Ob wir es jemals lernen? Es scheint, als würden wir heutzutage unser uraltes Bauprojekt wieder aufnehmen. Im Altertum verwendete man Ziegel und Mörtel. Heute nutzen wir Computer, Smartphones und Social Media, um die Welt zusammenzubringen. Andere Materialien – aber die gleichen Ergebnisse. Anstatt jedoch einen Turm zum Himmel zu bauen, haben wir eine Online-Gesellschaft und ein System der Massenmedien erschaffen, das sexuelle Unmoral, Selbstverehrung, Zwietracht und Fehlinformation mithilfe von Besserwisser-Propheten verbreitet, die allerlei Unwahrheiten lehren.

Unsere Sprache ist immer noch durcheinander. Wir sprechen aneinander vorbei, definieren Wörter unterschiedlich, bewerten Dinge wie Wissen oder den Sinn des Lebens auf unterschiedliche Art und Weise, verabschieden uns vom logischen Denken und feiern alle Sichtweisen als gleichermaßen gültig (zumindest wenn sie nicht traditionell christlich sind). Es ist, als wären wir durcheinander und zerstreut, wie die Welt nach Babel es war, während wir uns immer noch zusammen in demselben chaotischen Online- und Printbereich wie vor Babel befinden. Daher war es noch nie so schwierig wie heute, als jemand zu leben, der sich der Wahrheit verpflichtet hat. Wenn wir Wahrheitssuchende sein wollen, müssen wir zielgerichtet und entschlossen sein und uns ein dickes Fell zulegen.

Die Kraft der sozialen Medien ist die moderne Auswirkung eines alten Fehlers. Soziale Medien können zwar viel Gutes bewirken, aber das Phänomen hat auch eine Vielzahl von selbsternannten Bibellehrern und Bloggern hervorgebracht, die Millionen von Anhänger um sich scharen. Viele dieser Persönlichkeiten haben sich dem sogenannten progressiven Christentum zugewandt und führen nun ihre Schäfchen vom ursprünglichen Evangelium weg.

Meine eigene Glaubenskrise begann, als ich an einem Kurs beim Pastor meiner früheren Gemeinde teilnahm, der damals die christliche Lehre in Frage stellte. Glücklicherweise baute Gott meinen Glauben über mehrere Jahre hinweg wieder auf, als ich Argumente für seine Existenz und die Wahrhaftigkeit des Christentums studierte, mich mit Kirchengeschichte beschäftigte, Klassiker der frühen Kirchenväter las und direkt von Bibelexperten lernte.

Die meistverkauften Bücher, Podcasts und Blogs derjenigen, die das ursprüngliche Christentum hinter sich gelassen haben, predigen ein selbstzentriertes «Evangelium». Tatsächlich beginnen so viele der Lügen, die wir in diesem Buch thematisieren werden, mit dem Fundament des Selbst: Um authentisch zu sein, muss ich zu mir selbst finden. Um glücklich zu sein, muss ich selbst an erster Stelle stehen. Um erfüllt zu sein, muss ich selbst genug sein. Um erfolgreich zu sein, muss ich mein Schicksal selbst in die Hand nehmen. All diese Ideen bauen auf dem Ausgangspunkt des Selbst auf.

Aber wenn wir uns die einzelnen Lügen anschauen, werden wir erkennen, dass unser Selbst das falsche Fundament ist. Es hat eine rissige Struktur. Es ist kaputt. Alles, was wir auf ihm aufbauen, wird anfällig für die positiv wirkende Aussage, die uns in dem Moment richtig erscheint. Bestenfalls schickt uns das auf eine fruchtlose Sinnsuche. Im schlimmsten Fall stürzt es uns ins Verderben. Deshalb ist es für Christen so wichtig, dass unser Fundament Christus ist und nicht wir selbst.

«Lebe deine Wahrheit» versus «Lebe *die* Wahrheit». Das ist ein großer Unterschied.

Der Aufruf, nur den eigenen Gefühlen und Wünschen treu zu sein, ist das genaue Gegenteil der Lehren von Jesus und des christlichen Glaubens. Es ist einfach, die Menschen auf sich selbst zu verweisen. Dafür wird es immer einen Markt geben. Wir lieben es einfach! Wir lieben es, über uns selbst zu reden, uns auf uns selbst zu konzentrieren, uns zu verwöhnen und uns selbst zu bewundern. Das hat alles mit dieser lästigen Sündennatur zu tun, über die wir in Kapitel 4 sprechen werden.

Aber wir wurden nicht erschaffen, um uns selbst zu verehren.

Wir wurden mit einem anderen Ziel erschaffen: um Gott zu verherrlichen und ihn für immer zu genießen.[10] Alles, was uns davon ablenkt, wird uns nicht glücklich machen. Gott ist unser Schöpfer und er weiß, was uns wirklich Frieden, Freude und Glück bringt. Und weißt du was? Es ist weder ein Spiegel noch ein Selfie-Stick.

Es ist ER selbst.

Um unsere Bestimmung als Menschen zu verstehen, müssen wir uns der absoluten Wahrheit verpflichten. Wir werden lernen müssen, kritisch zu denken und sorgfältig zu prüfen, was unsere Worte bedeuten. Aber es wird ebenfalls nötig sein, etwas zu *ver*lernen. Wir müssen lernen, das zu überdenken, was uns durch Filme wie «Arielle, die Meerjungfrau» eingetrichtert worden ist: Wie begeistert wir mitgesungen haben, als sie endlich ihre Beine, ihren Prinzen und alles bekam, wovon sie jemals geträumt hatte! Ich liebe Disney-Filme, aber ist es nicht so, dass Arielle triumphierte, nachdem sie ihrem Vater nicht gehorcht und beschlossen hatte, ihre *eigene* Wahrheit zu leben? Eine ziemlich verwirrende Botschaft für Menschen, die noch keine voll entwickelten Frontallappen im Gehirn haben. Schließlich gehört, wie wir bald feststellen werden, «deine Wahrheit» genauso ins Reich der Sagen wie König Tritons magischer Dreizack und das Königreich der Meermenschen, aus dem er und Arielle stammen.

3.
Kobolde

Leb deine Wahrheit

Du kannst dir aussuchen, was du glaubst, Shuffler, aber du kannst nicht ändern, was wahr ist.[11]

S. D. Smith: The Green Ember (z. Dt.: Grüne Glut)

«Kobolde gibt es in echt, Mama.»

Ich blickte in die ernsten, braunen Augen meiner schlauen Tochter, als sie das Streitgespräch eröffnete, das wir in unserer Familie heute feierlich «Die große Kobold-Debatte von 2013» nennen. Es gab gravierende Meinungsverschiedenheiten, Tränen, Argumente dafür und dagegen, Beweise und Gegenbeweise. Das Ende der Welt schien gekommen. Mit viereinhalb Jahren war mein analytisch denkender Nachwuchs davon überzeugt, dass ein Kobold in ihrem Klassenzimmer gewesen war, und sie ließ sich nicht eines Besseren belehren.

Ich war ein wenig von der Diskussion überrascht, denn normalerweise kann man meiner Tochter nichts vormachen. Schließlich war das die gleiche junge Dame, die, als sie ihren ersten Wackelzahn entdeckte, zu mir kam und mir erklärte, dass es keine Zahnfee gibt. Sie meinte: «Ich weiß, dass Mamas das machen, deshalb wollte ich fragen, ob ich nicht lieber Spielzeug statt Geld haben kann?» (Wie sich herausstellte, ist die Zahnfee in unserer Gegend schrecklich vergesslich, sie sollte unverzüglich gefeuert werden. Daher funktionierte das mit unserem kleinen Arrangement recht gut.)

Außerdem hatte mich meine Tochter erst in der Woche zuvor gefragt, ob es Kobolde gibt. Ich hatte ihr versichert, dass es nur ausgedachte Gestalten in Geschichten seien, und hatte geglaubt, damit wäre das Thema abgeschlossen.

War es aber nicht. Wie sich herausstellte, machte sich die Grundschullehrerin einen Spaß daraus, die Kinder glauben zu lassen, dass über Nacht ein Kobold in ihr Klassenzimmer geschlichen war, um es für den St. Patrick's Day zu schmücken. Meine Tochter kam am nächsten Morgen in die Schule und fand grüne Luftschlangen am Türrahmen, Kleeblätter aus Bastelpapier an den Pinnwänden und kleegrüne Ballons an den

Stuhllehnen. «Ach du meine Güte! Was ist denn hier los?», tat die Lehrerin ganz überrascht. Als die Kinder nicht dahinterkamen, woher die festliche Dekoration stammte, «fand» die Lehrerin einen kleinen schwarzen Schnallenschuh vor der Tür. «Wie kommt der denn hierher?», fragte sie die Kinder, die alle zu demselben Schluss kamen: Der musste einem Kobold gehören. Das Rätsel war gelöst.

Meine Tochter kam also nach Hause und verkündete: «Kobolde gibt es in echt ...», und alle mussten sich dieser neuen Realität stellen. Da ich ihr die Begeisterung nicht nehmen wollte, fragte ich wie nebenbei: «Und woher weißt du das?»

Sie antwortete: «Weil ein Kobold in der Nacht unser Klassenzimmer geschmückt hat.»

«Hm», erwiderte ich, «und woher weißt du, dass es ein Kobold war?»

Sie erklärte sofort: «Meine Lehrerin hat seinen Schuh gefunden, den hat er beim Weglaufen verloren!»

«Okay. Aber, meine Süße, kannst du dich daran erinnern, wie ich dir gesagt hab, dass es Kobolde nicht gibt?»

«Ja! Aber ich habe den Schuh gesehen und ... er hat *Goldstaub* dagelassen.»

«Goldstaub?»

«GOLDSTAUB.»

«Okay, hör zu», erwiderte ich. «Ich denke, dass sich das alles nur jemand ausgedacht hat.»

«Nein, Kobolde gibt es in echt, Mama.»

Ich beließ es für den Moment dabei, weil ich dachte, sie würde es vergessen und zu etwas Wichtigerem, wie zum Beispiel dem Weihnachtsmann, übergehen. Aber nein. Nicht meine Tochter. Man sagt ja, manche Kinder werden mit alten Seelen geboren. Meine Tochter war ungefähr siebenundvierzig, als sie geboren wurde. Ich versuche seither, mit ihr Schritt zu halten. Wenn sie etwas glaubt, ist es ihr todernst damit.

Meine Detektivin mit Schleifen im lockigen Haar ging sodann am nächsten Tag zur Schule, als ob sie vom Geheimdienst beauftragt worden wäre, die ganze Kobolde-gibt-es-nicht-Verschwörungstheorie zu entlarven. Nach der Schule kam sie durch die Tür, griff in die Tasche ihres blauen Jäckchens und holte eine Handvoll Goldstaub hervor. Da war er. Der glänzende, schimmernde, funkelnde Beweis. Und ich konnte nichts tun, um sie davon zu überzeugen, dass sie betrogen worden war.

Erst Jahre später gab sie zu, dass sie sich, was die Existenz von Kobolden betrifft, geirrt haben könnte. Es brauchte Zeit und Lebenserfahrung, bis ihr Gehirn die Wahrheit akzeptierte … dass das alles eine Lüge gewesen war. Eine nette, kleine Lüge. Überleg mal. Eine Vierjährige mit großer Fantasie und glitzernden Beweisen – was brauchte sie noch zur Bestätigung ihrer eigenen Wirklichkeit?

Aber mal ehrlich: Sind wir nicht genauso? Neigen wir nicht auch dazu, das Unwiderstehliche und Schöne an den Anfang zu setzen und dann nur nach Beweisen zu suchen, die diese vorgefasste Weltsicht bestätigen? Wahr ist aber nur die Wahrheit. Egal, wie wir uns dabei fühlen.

Kobolde existieren entweder oder sie existieren nicht. Es ist egal, wie stark meine Tochter von ihrer Existenz überzeugt ist oder ich von ihrer Nichtexistenz. Sie hätte «ihre Wahrheit» über Kobolde von der Spitze des Social-Media-Turms schreien können, aber es hätte nichts an der Realität geändert.

Ein Phänomen der Postmoderne

Irgendwann während all der Umbrüche, die das Jahr 2020 mit sich brachte, tauchten auf Rasenflächen in ganz Amerika schwarze Schilder mit bunter Schrift auf. Es war, als sei überall im Unterbewusstsein amerikanischer Vororte ein neues Glaubensbekenntnis verfasst und kanonisiert worden. Wenn man die Aussagen der damaligen Schilder wortwörtlich versteht, scheinen sie richtig und gut zu sein: Liebe *ist* Liebe, Frauenrechte *sind* Menschenrechte. Wissenschaftlich Bewiesenes *ist* wahr … und so weiter.

Aber viele Menschen bemerkten nicht, dass ein paar der verwendeten Wörter gestohlen und als Slogans für bestimmte Anliegen sprachlich umfunktioniert worden waren. Gemäß diesem Glaubensbekenntnis (und im Gegensatz zu 1. Korinther 13) bestätigt *Liebe ist Liebe* quasi jede sexuelle Beziehung, die jemand eingehen möchte. *Frauenrechte* steht für legale Abtreibung und *Kein Mensch ist illegal* für eine bestimmte Einwanderungspolitik. Ob man mit diesen Meinungen übereinstimmt oder nicht, sei dahingestellt. Es geht darum, dass diese Wörter direkt vor unserer Nase umdefiniert werden.

Wie konnte das geschehen? Wir haben den 1960ern eine Philosophie zu verdanken, die über die nächsten Jahrzehnte unglaublich populär wurde, dann verpuffte, mutierte, wieder auftauchte und heute das Denken der breiten Masse dominiert. Diese Philosophie nennt sich Postmodernismus und hat fast alle Bereiche unseres Lebens infiziert, insbesondere unsere Art zu denken und wie wir Informationen verarbeiten. Das Postmoderne hinterfragt viele der Konzepte, die unsere Zeit prägen, wie Demokratie, Wissenschaft, Vernunft und individuelle Freiheit. Sie blickt zutiefst skeptisch auf objektive Wahrheit und ist misstrauisch gegenüber der Machtdynamik derer, die behaupten, die Wahrheit zu kennen. Mit anderen Worten: Wenn es eine objektive Wahrheit gibt, kann laut Postmoderne niemand behaupten, sie ganz zu kennen. Wenn jemand behauptet, es zu tun, ist es wahrscheinlich eine Machtdemonstration. Ich denke, die postmoderne Denkweise lässt sich mit dem Slogan «Was für dich stimmt, muss für mich nicht richtig sein» zusammenfassen. Leben und leben lassen.

In den Sechzigerjahren brachte der französische Philosoph Jacques Derrida ein postmodernes Phänomen hervor, das sich Dekonstruktion nennt. Für Derrida hatte Dekonstruktion damit zu tun, wie Text und Bedeutung in Beziehung zueinander stehen. Er glaubte nicht, dass man absolute Wahrheit mithilfe von Sprache finden könne, und war der Meinung, dass Wörter nicht auf einzelne und definitive Bedeutungen festgelegt werden könnten.

In ihrem Buch über die Auswirkungen des Postmodernismus beschreiben Helen Pluckrose und James Lindsay die Sichtweise Derridas: «Was der Sprecher meint, hat nicht mehr Autorität als die Interpretation des Hörers, und daher kann die Intention nicht schwerer wiegen als die Wirkung.»[12] Welch Ironie, dass auch Derrida Worte benutzte, um diese seine Gedanken mitzuteilen, die von Menschen verstanden und gemäß *seinen* Absichten verwendet werden sollen.

Heutzutage hören wir überall von Erfahrungen mit Dekonstruktion: Es scheint fast, als würde jedes Mal, wenn wir unsere neuesten Social-Media-Nachrichten abrufen, ein anderer christlicher Star bekannt geben, dass er seinen Glauben verloren hat. Oft folgen diesen Beiträgen detaillierte Erklärungen ihrer «Dekonstruktionsgeschichten». In diesem Sinne bedeutet Dekonstruktion das langsame Entwirren des Glaubens einer Person genauso wie das Auseinandernehmen und Verwerfen vieler Glaubenssätze, mit denen diese Person aufgewachsen ist. Obwohl Derridas Definition der Dekonstruktion und die derzeitige Verwendung des Wortes *Dekonstruktion* nicht genau dasselbe bedeuten, denke ich, dass sie eine Modeerscheinung geworden ist aufgrund des Einflusses der Postmoderne auf unser gängiges Denken.

Wenn objektive Wahrheit als nicht existent oder unerreichbar betrachtet wird, wäre es dann nicht gut, die uns vermittelten Konstrukte der Realität zu dekonstruieren? Wenn Wörter umdefiniert werden können, um zu einer bestimmten Erzählweise zu passen, ist die Dekonstruktion des Glaubens dann nicht für diejenigen, die eine postmoderne Weltsicht angenommen haben, natürlich und unausweichlich?

Ein Großteil der Dekonstruktion, die wir im Rahmen des Glaubens erleben, geschieht im Bereich der Sprache. Begriffe werden umdefiniert und wertvolle Grundsätze des christlichen Glaubens wegerklärt. In vielen Fällen bezieht sich die *Auferstehung* nicht mehr auf ein leeres Grab und die physische Erscheinung von Jesus nach seinem Tod, sondern wird zur Metapher für die Möglichkeit eines neuen Lebens nach einer schweren Zeit oder zerstörerischem Verhalten. Die *Menschwerdung* bedeutet nicht mehr, dass Gott Mensch wird, sondern vielmehr, dass Jesus eine Erleuchtung hatte, sie steht für das Mysterium des kosmischen Jesus.[13] Das *Sühneopfer* bedeutet nicht mehr, dass Jesus am Kreuz als Opfer für unsere Sünden gestorben ist, sondern wird lediglich als Symbol dafür betrachtet, wie wichtig es ist, anderen zu vergeben.

Ehe man sich's versieht, hat man das Evangelium verloren und nicht nur Sprache umdefiniert, sondern ein komplettes christliches Weltbild. Dieses steht nun in völliger Bedeutungslosigkeit und Leere da, ganz ohne Erlösungskraft. Dekonstruktion ist die Konsequenz unserer Schlacht um die Sprache.

Gedankenexperimente
2+2=5?

Wir leben in einer Zeit, in der viele Menschen nicht mehr wissen, was Wahrheit ist. (Vielen Dank auch, Postmoderne!) Zwar denken manche Menschen, dass Wahrheit eine subjektive Meinung oder Vorliebe ist, ähnlich wie ihr Lieblingssport, -film oder -schokoriegel. Die Definition von Wahrheit ist jedoch eigentlich ganz einfach: Wahrheit ist ein Gedanke, eine Aussage oder Meinung, die mit der Realität übereinstimmt. Punkt. Tun sie das nicht, sind sie nicht die Wahrheit.

Wahrheit ist für alle Menschen an allen Orten und zu allen Zeiten wahr. Sie ist etwas, das man nicht erfinden, sich ausdenken oder erschaffen kann. Sie ist etwas, das man *entdeckt.* Sie ändert sich nicht, egal wie sehr sich auch die Gedanken der Menschen dazu ändern mögen. Wahrheit wird nicht aufgrund dessen verändert, wie sich jemand mit ihr fühlt. Wahrheit ist gänzlich unbeeindruckt vom Tonfall und der Haltung der Person, die sie bekundet.

Eine Lüge bleibt eine Lüge, selbst wenn sie mit Humor und genau dem richtigen Maß an Ausgefallenheit verkündet wird. Zum Beispiel kann ein großer Idiot eine mit Obszönität gespickte Wahrheit aussprechen, während eine nette und lustige Person eine bequeme Unwahrheit überzeugend rüberbringen kann.

Machen wir ein Experiment: Denk an die Gleichung 2+2=4. Das ist auf jedem Kontinent, in jeder Zeitepoche und in jeder

Kultur wahr. Es ist wahr, auch wenn jemand fest daran glaubt, dass es nicht so ist. (Google es ruhig – aber bereite dich darauf vor, in den Strudel des endlosen, unsinnigen Geschwafels über die unterdrückende Machtdynamik der Mathematik gezogen zu werden.) Wenn zwei Steine mitten im Wald in einen leeren Graben fallen und zwei weitere Steine in denselben Graben fallen, sind es vier Steine, selbst wenn kein Mensch da ist, um dies zu dokumentieren. So funktioniert Wahrheit. Es kann sein, dass uns das nicht gefällt, aber was wir mögen oder nicht mögen, hat überhaupt keine Auswirkung auf das, was wirklich wahr ist.

Cookies versus Brownies

Was ist der beste Nachtisch? Torte? Eis? Brownies? Cookies? Kuchen? Wenn du jetzt Kuchen *mit* Eis geantwortet hast, liegst du richtig. Na ja, eigentlich bedeutet es nur, dass du richtig cool bist und wir beide den gleichen Geschmack haben. Denn «den besten Nachtisch» gibt es nicht. Es gibt nur das, was jemand für den besten Nachtisch *hält*. Das liegt daran, dass der Begriff «bester Nachtisch» nicht in die Kategorie der objektiven Wahrheit fällt. Die Aussage «Kuchen mit Eis schmeckt am besten» ist einfach nur meine Meinung. Meine Vorliebe. Sie hängt von nichts außerhalb meines eigenen Kopfes ab. Sie basiert auf mir, dem Subjekt. Eigentlich die perfekte Gelegenheit von «meiner Wahrheit» zu sprechen. Aber eigentlich sage ich ja nur, was ich persönlich für den besten Nachtisch *halte*. Es ist noch nicht einmal nur *meine* Wahrheit, denn es ist – für jeden zu allen Zeiten und an jedem Ort «wahr» –, dass ich, Alisa Childers, glaube, dass Kuchen mit Eis der beste Nachtisch ist. So etwas wie subjektive Wahrheit kann es also gar nicht wirklich geben.[14]

Lass es uns mal so sehen: Wenn ich sage: «Wahrheit ist subjektiv», dann widerspreche ich mir selbst. Warum? Weil die Aussage «Wahrheit ist subjektiv» eine Behauptung über die objektive Realität ist. Sie besagt also, dass es objektiv wahr ist, dass Wahrheit subjektiv ist … Wäre diese Aussage aber wahr, würde sie bedeuten, dass es (mindestens diese eine) objektive Wahrheit gibt … was wiederum bedeutet, dass die Aussage, Wahrheit sei subjektiv, falsch ist. (Es ist okay, sich einen Moment Zeit zu nehmen und diesen letzten Satz noch ein paar Mal zu lesen.)

Die Wahrheit zählt

Ich weiß, dass ich versprochen habe, in diesem Buch verbreitete Täuschungen zu vergleichen mit dem, was in der Bibel steht. Was um alles in der Welt hatte dies nun alles mit der Bibel zu tun? Stimmt, es brauchte einen gewissen Vorlauf, um zu diesem Punkt zu gelangen.

Wenn wir keine Grundlage haben, aufgrund derer wir die Idee verteidigen können, dass Worte eine Bedeutung haben und man die Wahrheit kennen kann, dann können wir genauso gut unsere Bibeln aus dem Fenster werfen und tun, was wir wollen.

So viel dazu. Aber die Bibel hat auch viel zum Thema Realität zu sagen. In der Tat ist das Christentum ein Glaubenssystem, das mit der objektiven Wahrheit steht und fällt. Es ist nicht einfach eine Reihe von Lehren, eine Philosophie oder ein Lebensstil. Es ist nicht eine Sammlung von Ritualen, Mantras, Sakramenten und Bekenntnissen. Christlicher Glaube bedeutet, aktives Vertrauen zu setzen in die Person Jesus und unsere Versöhnung mit Gott, die er am Kreuz für uns besiegelt hat. All dies beruht darauf, dass die Auferstehung Jesu *tatsächlich* geschehen, also eine objektive Wahrheit ist.

Was ich meine, ist Folgendes: In der Bibel werden Wunder – insbesondere die Auferstehung – «Zeichen» genannt. In Hebräer 2,4 lesen wir, dass Gott durch diese Zeichen, durch Wunder und verschiedene Wundertaten die Botschaft des Heils, die Jesus brachte, bestätigte und bezeugte. Im Wesentlichen dienen diese Zeichen als Beweis dafür, dass der christliche Glaube wahr ist.

In 1. Korinther 15 nutzt Paulus fast das ganze Kapitel dazu, die Wahrhaftigkeit der Auferstehung zu verteidigen. Er schreibt an die Christen in Korinth, um sie wieder an das Evangelium zu erinnern. Er gibt ein zu dem Zeitpunkt zwanzig Jahre altes Glaubensbekenntnis weiter, in dem die Auferstehung Jesu als einer der grundlegenden Glaubenssätze aufgeführt wird, welche die gute Nachricht, die er so gerne verbreiten möchte, ausmacht.

Nachdem er die Auferstehung für unverhandelbar erklärt hat, geht Paulus sogar so weit zu behaupten, dass unser Glaube ohne sie regelrecht vergeblich wäre. Mit seinen Worten: «Wenn aber Christus nicht von den Toten auferweckt wurde, ist euer Glaube nichts als Selbstbetrug, und ihr seid auch von eurer Schuld nicht frei» (Vers 17).

An dieser Stelle denkst du vielleicht, dass Paulus uns auffordert, an ein Wunder zu glauben, das sich angeblich vor mehr als zweitausend Jahren ereignet haben soll, nur weil *er* sagt, es sei so gewesen. Wie können wir wissen, dass er die Wahrheit sagt? Das ist eine berechtigte Frage, und zum Glück gibt es historische Indizien in nicht christlichen Quellen, aus denen wir mit Recht schließen können, dass die Auferstehung tatsächlich stattgefunden hat. Selbst wenn du nie eine Bibel aufgeschlagen hast, könntest du viele Details über das Leben von Jesus aus einer Reihe antiker griechischer, römischer oder jüdischer Quellen erfahren, die während der ersten Jahrhunderte nach der Zeit, in der Jesus selbst lebte, entstanden sind.[15]

Da wir Zugang zu diesen antiken Quellen ebenso wie zu den Berichten aus den Evangelien haben, sind bestimmte historische Tatsachen im Zusammenhang mit der Auferstehung Jesu praktisch unumstritten. Dr. Gary Habermas, ein Historiker und Neutestamentler, wird von vielen als einer der führenden Wissenschaftler betrachtet, die sich mit der Auferstehung beschäftigen. Er sammelte mehr als eintausend kritische wissenschaftliche Arbeiten über die Auferstehung Jesu, die zwischen 1975 und 2003 verfasst wurden. Er entdeckte einige interessante Fakten, denen praktisch jeder Gelehrte – vom ultraliberalen bis zum sehr konservativen – zustimmt. Die vier wichtigsten lassen sich so zusammenfassen:

1. Jesus starb durch römische Kreuzigung.
2. Die Jünger glaubten, dass er von den Toten auferstanden und ihnen erschienen sei, und für diesen Glauben waren sie bereit zu leiden und zu sterben.
3. Der Christenverfolger Paulus wurde plötzlich Christ, nachdem er eine Erfahrung mit demjenigen gemacht hatte, den er für den auferstandenen Christus hielt.
4. Jakobus, ein Skeptiker und Bruder von Jesus, bekehrte sich plötzlich, nachdem er glaubte, seinen Bruder wieder zum Leben erweckt gesehen zu haben.

Habermas hielt auch fest, dass drei Viertel der Wissenschaftler sich einig sind, dass das Grab von Jesus leer aufgefunden worden war.[16] Man könnte meinen, dass atheistische und skeptische Bibelwissenschaftler über diese historischen Tatsachen spotten würden, aber diese Tatsachen bleiben praktisch unumstritten.

Zum Beispiel glaubte Dr. Gerd Lüdemann, ein deutscher Neutestamentler und Historiker, dass ein Großteil des Neuen Testaments, historisch betrachtet, unzuverlässig sei. Trotz seiner Skepsis schrieb er: «Es kann als historisch sicher angesehen werden, dass Petrus und die Jünger nach dem Tod von Jesus Erlebnisse bezeugten, in denen Jesus ihnen als der auferstandene Christus erschien.»[17] Auch der bekanntlich skeptische Wissenschaftler Dr. Bart Ehrman stellte fest:

«Es gibt zwei historische Tatsachen, die einfach nicht geleugnet werden können. Die Anhänger von Jesus haben behauptet, dass Jesus wieder zum Leben erwacht ist. Hätten sie das nicht behauptet, gäbe es kein Christentum. Sie haben es also behauptet. Außerdem behaupteten sie zu wissen, dass er auferstanden ist, weil einige von ihnen ihn danach wieder lebendig gesehen haben. Daran kann niemand zweifeln.»[18]

Während sich die meisten Gelehrten über die Fakten einig sind, sind sie sich uneins darüber, wie sie zu interpretieren sind. Einige haben versucht, diese Beweise mit verschiedenen Theorien zu erklären,[19] aber die einleuchtendste Erklärung ist, dass Jesus Christus nach seinem Tod wieder zum Leben erweckt wurde. Wie viele andere vor mir festgestellt haben, wäre keiner bereit gewesen, für etwas zu leiden und zu sterben, von dem er wusste, dass es eine Lüge ist.

Die Bibel lehrt, dass das der Glaube mit der Wirklichkeit der Auferstehung steht und fällt: Ist dir nun klar, warum es so wichtig ist, nach der Wahrheit zu leben? Ist es nicht offensichtlich, warum wir uns nicht einfach zurücklehnen und diese Wörter umdefinieren und in Metaphern für gutes Leben verwandeln lassen können? Die Verteidigung des Evangeliums erfordert die Verteidigung der objektiven Wahrheit. Es führt kein Weg daran vorbei. Das Christentum basiert auf der Wahrheit.

Zum Vergleich

Denk über alles nach, was wir bisher in diesem Kapitel über das Wesen der Wahrheit gelernt haben. Und dann lass uns das mit Zitaten bekannter Autorinnen von heute vergleichen:

«Wenn wir die Sprache der Indoktrination verwenden – also ständig vom *müssen* und *nicht dürfen* reden, die Dinge als *richtig* und *falsch*, *gut* und *schlecht* bewerten –, füttern wir damit unseren Verstand. Aber hier geht es nicht um unseren Verstand, denn der wurde von unserer Konditionierung verdorben. Um über unsere Konditionierung hinauszugelangen, müssen wir unsere Phantasie aktivieren. Unser Verstand ist auf Ausreden spezialisiert, unsere Phantasie aber kann Geschichten erzählen.»[20] – Glennon Doyle

«Mir fehlt jegliche Objektivität. Ich bewerte den Wert einer jeden Idee danach, wie sie sich auf echte Menschen auswirkt.»[21] – Jen Hatmaker

«Wenn du dich in deiner Identität gefangen fühlst, weil du weißt, dass sie dir schadet, befreie dich und nimm die Wahrheit in Anspruch, die jetzt zu dir passt. Niemand definiert dich außer du selbst.»[22] – Rachel Hollis

«Um zu wachsen, zu entspannen, Frieden zu finden, mutig zu werden, ist es nötig, dass wir eine Frau nach der anderen das tun sehen, was für sie revolutionär ist: ihre Wahrheit zu leben, ohne um Erlaubnis zu bitten oder sich zu erklären.»[23] – Glennon Doyle

Man beachte, dass die Autorin des ersten Zitats ihre Leserinnen und Leser anweist, ihren Verstand zu umgehen – den Teil ihres Wesens, der dafür zuständig ist, Ideen zu bewerten, sich intellektuell zu betätigen und Wahrheit von Irrtum zu unterscheiden. Im Kontext von Recht und Unrecht ermutigt sie ihre Zuhörer, ihre Fantasie spielen zu lassen, was nicht unbedingt etwas Schlechtes ist –, es sei denn, ihre Vorstellungskraft ist von ihrem rationalen und logischen Verstand losgelöst. Ich mag Fantasie (ich bin Künstlerin), aber Fantasie kann von einer Sekunde auf die andere dunkel und hässlich werden, wenn sie nicht auf der Wahrheit beruht.

Kannst du dir vorstellen, was alles Schreckliches passieren könnte, wenn jemand diesen Ratschlag wörtlich nähme? Wie wir im nächsten Kapitel sehen werden, sind unsere Herzen nicht rein. Sie belügen uns und führen uns in die Irre. Eine von der objektiven Wahrheit losgelöste Fantasie ist die beste Voraussetzung für Katastrophen.

Das zweite und dritte Zitat spiegeln eine Meinung wider, die häufig von Vordenkern unserer Zeit wiederholt wird: Die Autoren geben zu, dass sie die Wahrheit danach bestimmen, wie sie oder jemand anderes sich dabei fühlen. Wenn eine Lehre dazu führt, dass sich jemand schlecht, unangenehm berührt oder verletzt fühlt, kann sie als falsch betrachtet und missachtet werden. Aber stell dir einmal vor, was es bedeuten würde, wenn Eltern von Kleinkindern diesen Rat befolgen würden?

Fragen für die Prüfung der eigenen Gedanken:

Deine Wahrheit	Die Wahrheit
Wirst du aufgefordert, deinen Verstand oder rationales Denken beiseitezulassen?	Beruht diese Behauptung oder Situation auf objektiver Wirklichkeit?

Deine Wahrheit	Die Wahrheit
Wird die Fantasie als überlegen und getrennt vom logischen, rationalen Verstand betrachtet?	Benutzt du deine Vorstellungskraft und hast gleichzeitig Zugang zu deinem logischen, rationalen Verstand?
Ist Wahrheit in dieser Situation abhängig davon, wie du oder jemand anderes sich fühlt?	Ist Wahrheit in dieser Situation abhängig von dem, was im Wort Gottes steht?

Süß, aber zerstörerisch

Als mein Sohn klein war, gab es in einem seiner hinteren Backenzähne ein Loch. Der Zahnarzt informierte uns, dass er die «Zucker-Tierchen» herauswaschen müsse, die sich in den Beißerchen meines Sohnes eingenistet hatten. Als es ans Bohren ging (ich meine, ans Auswaschen), bekam mein Sohn Angst und wurde unruhig. Obwohl der Zahnarzt versuchte, die Sache mit witzigen Sprüchen zu überspielen (wofür ich sehr dankbar bin!), blieb die Wahrheit bestehen: Mein Sohn würde eine Spritze bekommen und das Bohren würde ihm wohl wehtun oder zumindest unangenehm sein. Es fiel mir sehr schwer, ruhig sitzen zu bleiben, als das unangenehme Geräusch des Bohrers seinen Höhepunkt erreichte und sich die Augen meines Sohnes weiteten und mich um Hilfe anflehten. Aber ich konnte ihn nicht erlösen. Ich wusste, dass wir uns jetzt um das Loch kümmern mussten, sonst würde es später deutlich mehr Unheil anrichten und zu allerlei gesundheitlichen Problemen führen.

Aber mein Sohn wusste das nicht, weil er nicht alle Informationen hatte. Er wusste nur, dass es gruselig, komisch und ein bisschen schmerzhaft war. Hätte nicht der Zahnarzt seine Hände im Mund meines Sohnes gehabt, hätte er sicher geschrien: «Mama, warum lässt du zu, dass er mir das antut? Das fühlt sich nicht gut an!»

Wäre es Liebe gewesen, wenn ich als seine Mutter – die wusste, dass diese kleine Unannehmlichkeit einen schlimmeren Schaden abwendete – einfach gesagt hätte: «Okay, mein Sohn. Das macht dir offensichtlich negativ zu schaffen, warum lebst du nicht deine Wahrheit und gehst einfach nicht mehr zum Zahnarzt?» Natürlich nicht. Wie viel mehr kennt unser himmlischer Vater die Situationen, in denen wir uns befinden?

Die Wahrheit ist, dass manche biblischen Lehren schwer verdaulich sind. Sie bereiten uns Unbehagen. Sie rufen uns auf, uns selbst zu verleugnen und Jesus sogar über unsere Familie und Freunde zu stellen. Sie mischen sich in unser Sexualleben, in unsere Beziehungen und in unsere Identität ein.

Im Gegensatz zum vierten Zitat ist es nicht mutig oder revolutionär, *die* Wahrheit zu verleugnen, um die *eigene* Wahrheit zu sagen. Eine solche Strategie wird dir nicht helfen zu wachsen, dich zu entspannen oder Frieden zu finden. Es mag sich für eine Weile gut anfühlen, aber am Ende bringt es nur Angst, Schmerz, Depression und Erschöpfung. Letztlich wird es nicht dazu beitragen, Frieden mit Gott zu schließen – den einzigen, wahren Frieden, den es gibt.

Verbunden mit der Wahrheit

Ich halte es nicht für übertrieben zu sagen, dass es noch nie in der Geschichte eine Zeit gab, in der es wichtiger war, mit der Wahrheit verbunden zu sein. Meine Kinder sind Teil einer Generation, die Generation Z genannt wird: Das sind die seit den späten 1990-er Jahren Geborenen. Laut einer aktuellen Studie glaubt die Generation Z überwiegend, dass Moral sich mit der Zeit ändert. Das bedeutet, dass der sogenannte moralische Relativismus die vorherrschende Ansicht der nächsten Generation ist. Wenn es um Kategorien wie Richtig und Falsch, Erlaubt und Verboten sowie Gut und Böse geht, haben die meisten jungen Leute das kulturelle Mantra «Leb deine Wahrheit» angenommen.

Die Studie zeigte außerdem, dass es der Generation Z leichter fällt als jeder anderen Generation vor ihr, Gefühle zu zeigen und bei psychischen Problemen Hilfe zu suchen. Gleichzeitig berichten 82 Prozent, dass sie mindestens ein traumatisches Erlebnis hatten,[24] das sie durch mehr Kontakt zu Freunden und Familie oder mit dem Konsum digitaler Medien zu verarbeiten versuchen. Dazu der Stress von Schule und Arbeit, kurze Nachrichtenzyklen, ein reges Sozialleben, das rasante Tempo der 2020er-Jahre – ganz zu schweigen von einer Pandemie, die alle diese Kategorien miteinander vermischt –, und heraus kommt eine Generation, die extrem erschöpft ist. Müdigkeit ist in dieser Altersgruppe die am häufigsten genannte negative Emotion.

Es mag so scheinen, als würde ich die nächste Generation niedermachen, aber ich bin eigentlich sehr optimistisch, was die Generation Z angeht. Es könnte so einfach sein, «der heutigen Jugend» die Schuld am moralischen Relativismus zu geben, aber kennen wir ihn nicht alle? Der Umschwung zu ihm hin geschah nicht in einem Vakuum. Sicherlich unterscheiden sich die Generationen in dem, was sie denken, fühlen und glauben, aber so wie der Social-Media-Turm-zu-Babel immer höher wird, sind wir alle immer mehr mit den Gedanken und Gefühlen von anderen verbunden, ihnen ausgesetzt und anfälliger für die kulturellen Muster, die versuchen, uns in unseren gemeinsamen Neigungen zu vereinen.

Was kommt dabei heraus, wenn Menschen Wahrheit gegen Relativismus eintauschen, traumatisiert und müde sind und nach Wegen suchen, um ihre mentale Gesundheit zu verbessern? Es entsteht eine Industrie, die bereit ist, einen ganzen Haufen von Inhalten zu verkaufen, die den Menschen helfen sollen, alles zu finden, was sie tief in ihrem Herzen brauchen.

Jetzt sind wir an dem Punkt des Buchs angekommen, wo es an der Zeit ist, das Pflaster abzureißen. Liebe Leserin, lieber Leser, ich bin hier, um dir zu sagen: Du bist nicht genug.

4.

Eis am Stiel

Du bist genug

«Die Last, die du trägst, kann ich dir nicht abnehmen, Frodo, aber was ich tun kann ist: *dich* zu tragen.»

J. R. R. Tolkien: Der Herr der Ringe – Die Rückkehr des Königs (Frodo und Sam am Schicksalsberg, Wiedergabe des Dialogs in eigenen Worten)

Das Einkaufszentrum ist ein idyllischer Ort, wenn man eine frischgebackene Mutter mit einem zwei Monate alten Baby ist. Ich setzte mich zufrieden auf eine Bank in unserer Einkaufspassage um die Ecke, erfreute mich am Anblick meiner kleinen Tochter und gab ihr die Chance, sich umzusehen und all die Sinneseindrücke in sich aufzunehmen, die aus ihr einen kleinen Einstein machen würden.

Spaß beiseite! Ich setzte mich, weil ich keinen Schritt mehr gehen konnte, ohne vor Erschöpfung in meinen orthopädischen Schuhen ohnmächtig zu werden. Die sollten die Belastung durch mein Übergewicht verteilen, das bei jedem Schritt meinen Knöcheln zusetzte. Ich machte auch deshalb eine Pause, weil meinem Baby dieses kleine Shoppingabenteuer überhaupt nicht gefiel. Sie schrie, seit ich sie für die Fahrt hierher im Autositz festgeschnallt hatte. Mein eigenwilliger Sprössling mochte es nicht, wenn man sie mit Sitzgurten, Schwingstühlen, Schaukeln oder mit irgendetwas anderem einschränkte, was nicht meine Arme waren.

Ich betrachtete mein Oberteil, das einzige, in das ich noch reinpasste – ein ausgewaschenes XL-Shirt meines Mannes –, und fragte mich, wie um alles in der Welt es möglich gewesen war, während der Schwangerschaft vierzig Kilo zuzunehmen. Ich meine … ich fragte mich das nicht wirklich. Ich wusste, dass es am Käse lag. Und an den Donuts. Und am Eis. Und an Butterbroten. Und an Mahlzeiten, die groß genug waren, um eine Gruppe Football-Spieler zu verköstigen. Ich war einfach davon ausgegangen, dass das Gewicht nach der Geburt des Kindes wie von selbst von mir abfallen würde. Ich sah mich als eine dieser hübschen Mütter, die ihre Kleinen mit Öko-Tragetüchern an ihre Brust schnüren, während sie im Fitnessstudio Sport machen und Besorgungen erledigen. Aber dann wurde mein Baby geboren. Natürlich wog es keine vierzig Kilo, und so hatte ich mit den Folgen von neun Monaten Kartoffelpüree-Nachschlag zu kämpfen.

Ich beobachtete ein paar Frauen, die aus einem trendigen Bekleidungsgeschäft herausgeschlendert kamen. Sie hatten perfekt frisiertes Haar und sahen aus, als hätten sie gerade ein YouTube-Tutorial über Make-up gedreht. Mein Kopf war voll wirrer Gedanken und Sorgen. *Ich möchte mich einfach (nur) wieder normal fühlen. Ich halte es kaum noch aus. Werde ich je wieder normale Sachen tragen? Wird mein Baby je aufhören zu schreien?*

Versteh mich nicht falsch. Ich würde die ersten zwei Monate mit meiner Tochter gegen nichts auf der Welt eintauschen. Sie waren wunderbar, aber gleichzeitig war es auch so, dass ich mich vorher dreiunddreißig Jahre nur um mich selbst gekümmert hatte. Wenn ich eine Pause brauchte, konnte ich einfach eine machen. Einen Snack? Konnte ich mir einfach nehmen. Ein Nickerchen? Konnte ich einfach genießen. Wenn ich ausschlafen, einkaufen, Rechnungen bezahlen, spazieren gehen, Sport machen, einen Film schauen, mit einer Freundin Mittag essen oder ein neues Hobby anfangen wollte, konnte ich das mit ein bisschen Planung (für die ich zudem noch reichlich Zeit hatte) einfach tun. Zum ersten Mal war ich nun gezwungen einzusehen, wie egoistisch und selbstbezogen ich bisher gelebt hatte. Ich war rund um die Uhr den Bedürfnissen dieses kleinen neuen Menschen ausgeliefert und völlig erschöpft.

Jahre später stieß ich auf einen Artikel, der für «jede erschöpfte Mama da draußen» geschrieben war. Er erregte meine Aufmerksamkeit, weil er genau das widerspiegelte, was ich als junge Mutter erlebt hatte. Es wurde von einer Mutter berichtet, die sich im Badezimmer versteckte, um einen Moment Ruhe zu haben und heimlich zu weinen. (Ich war nicht die Einzige, die so etwas tat?) Es wurde berichtet, wie eine Mutter ihre Geduld verlor und sich wie der gemeinste Idiot der Welt vorkam. (Auch erlebt.) Es wurde eine Mutter beschrieben, die sich einsam fühlte, sich mit Essen vollstopfte und Pizza bestellte, weil sie zu müde war, um zu kochen, und sich wie eine dicke, fette Versagerin vorkam, als sie versuchte, ihre alte Jeans anzuziehen. (Jawohl, genau, stimmt.)

Und dann kam die große Offenbarung. Die Antwort auf all diese Probleme. Der Gedanke, der alles auf den Kopf stellen und jede Mutter da draußen ermutigen würde. Bist du bereit? Der lebensverändernde Leitgedanke war: *Du bist genug.*

Das ist alles? Das ist die große Neuigkeit? Ich lachte in mich hinein, als ich mir vorstellte, wie enttäuscht ich von dem Artikel gewesen wäre, wenn ich ihn in der schwierigen Zeit als neue Mutter gelesen hätte. Die riesige Werbeanzeige auf der rechten Seite des Artikels mit dem Foto eines brasilianischen Supermodels im Bikini machte es nicht besser. Ich meine ... nichts gibt einer jungen Mutter ein besseres Selbstwertgefühl als so ein halb nacktes, siebzehnjähriges Model ohne Schwangerschaftsstreifen und Schwabbelbauch.

Ernsthaft: Ich bin genug? Auf den ersten Blick ist das keine Botschaft der Freiheit. Es ist eine Botschaft des Zwangs. «Du bist genug» ist eine Botschaft, die Menschen in der falschen Vorstellung gefangen hält, dass sie der Drahtzieher ihrer derzeitigen Umstände und zukünftigen Wirklichkeit seien – selbst, wenn sie sich überwältigt fühlen. Es belastet sie mit der Verpflichtung, die Quelle ihrer eigenen Freude, Zufriedenheit und ihres Friedens zu sein. Diese Behauptung erinnerte mich an eine frühere Zeit in meinem Leben, als ich dachte, dass ich die Kontrolle über meine Zeit, meine Termine und meine Bestimmung hätte. Doch das hatte mich nur egoistisch, selbstsüchtig und selbstbezogen gemacht.

Versteh mich nicht falsch. Es ist sehr wertvoll, Frauen daran zu erinnern, dass Gott sie mit Intuition, Fürsorglichkeit und Mutterinstinkten ausgestattet hat. Der Körper einer Frau ist von Gott wunderbar geschaffen worden, um ein Baby auszutragen, zu gebären und es zu versorgen. In gleicher Weise hat er Männer auf eine bestimmte Art und Weise ausgestattet, sodass sie von Natur aus beschützen möchten und auf Arbeit und Versorgung ausgerichtet sind. Gott erschafft jeden mit bestimmten Talenten, Persönlichkeiten und Stärken, die ihm helfen, eine sehr spezifische Aufgabe zu erfüllen. (Wir werden im 12. Kapitel noch mehr darüber sprechen.) Aber das bedeutet nicht, dass jeder für sich genug ist.

Als ich Mutter wurde, traf mich die Erkenntnis wie ein Schlag ins Gesicht: dass ich im tiefsten Innern nicht genug bin. Ich bin es nie gewesen. Diese Erkenntnis stellte mein ganzes bisheriges Verständnis von Perfektion in Frage. Es beseitigte jegliche Illusion, dass ich irgendwie aus der Quelle meiner eigenen Güte schöpfen und meiner Tochter alles geben könnte, was sie brauchte. Ich konnte es nicht und kann es immer noch nicht, weil ich nicht genug bin. Ich erkannte früh: Selbst, wenn ich die beste Mutter der Welt wäre, würde ich vieles falsch machen. Ich würde Chancen verpassen und es in der Erziehung öfter vermasseln als mir lieb ist.

Aber deshalb ist die Erkenntnis, dass ich nicht genug bin, eigentlich *die beste Nachricht überhaupt.* Jesus *ist* genug, und das ist genug für mich. Dazu kommen wir gleich noch, aber jetzt halte dich fest, denn es wird ein bisschen holprig auf unserem Weg in die Freiheit.

Warum klingt das so gut?

Das Buch *Selbsthilfe* von Samuel Smiles, einem adretten Schotten mit Koteletten, wurde 1859 zum ersten Mal veröffentlicht (und prägte den Begriff «Selbsthilfe»). Schon bald wurde es ein Bestseller. Wahrscheinlich, weil es um jedermanns Lieblingsthema ging: um uns selbst. Tatsächlich gehören Selbsthilfebücher zu den meistverkauften Genres, und die Selbsthilfe-Industrie ist ein Milliardengeschäft, dessen Ende noch lange nicht in Sicht ist.[25] Auf den Spuren der Selbstwertbewegung, die Mitte des zwanzigsten Jahrhunderts durch die Medien großen Zulauf erhielt,[26] wurden wir darauf getrimmt zu glauben, dass alles besser wird, wenn wir uns nur mehr lieben.

Der Grund dafür ist, dass «Du bist genug» auf der Annahme beruht, dass der Mensch grundsätzlich *gut* ist. Denk mal darüber nach. Wenn das wahr wäre, bräuchten wir nur tief in unser eigenes Herz und in unsere Seele zu tauchen und all die Tugenden anzuzapfen, die nur darauf warten, entdeckt zu werden. Wir könnten aus unserem unbegrenzten Reservoir an Kreativität, Kraft, Schönheit, Wahrheit und Güte schöpfen. Wäre das wahr, *wären* wir genug. Wenn jemand ernsthafte Probleme mit seiner Identität, seinem Selbstwert und sogar seiner geistigen Gesundheit hat, ist es dann nicht sinnvoll, ihm zu zeigen, wie wunderbar er ist?

Und wer möchte nicht glauben, dass er von Natur aus gut ist? Laut einer vor Kurzem durchgeführten Umfrage unter zweitausend Amerikanern glauben 81 Prozent der Befragten genau das.[27]

Das klingt alles so positiv und bejahend, aber tief im Inneren wissen wir, dass der Mensch nicht von Grund auf gut ist. Alle Eltern wissen das. Sobald Kinder sprechen lernen, wissen sie von Natur aus, wie man lügt. Sie wissen, wie man egoistisch ist, wie man betrügt, stiehlt und schlägt. Das ist für sie ganz natürlich. Das, was man ihnen wirklich beibringen muss, ist *nicht* zu lügen, sich *nicht* an die erste Stelle zu setzen, *nicht* zu betrügen, *nicht* die Sachen anderer wegzunehmen, ihre Probleme *nicht* mit Gewalt zu lösen.

Wenn du glaubst, dass ich mir das ausdenke, dann teste diese Idee, indem du deinem Einzelkind einen kleinen Bruder oder eine kleine Schwester schenkst, und du wirst genau das beobachten. Bin ich die einzige Mutter, deren Kind an einem bestimmten Spielzeug so lange nicht interessiert ist, bis das *andere* Geschwisterkind damit spielen will? Plötzlich wird dieses Spielzeug zum wichtigsten Besitz, den das Kind je besessen hat, und hat das Potenzial, einen Familienkrieg auszulösen.

Das Problem

Die Selbsthilfebewegung kann dieses Verhalten nicht erklären, aber die Bibel kann es. Theologen nennen das Prinzip «Verderbtheit», und es bedeutet, dass Menschen von Natur aus darauf ausgerichtet sind, ihre eigenen Wege zu gehen und sich zu weigern, Gott das Sagen in ihrem Leben haben zu lassen. Das war nicht immer so. Um die menschliche Verderbtheit zu verstehen, müssen wir die ursprüngliche Bestimmung des Menschen verstehen. Und darum sollten wir über Eis am Stiel sprechen.

Als ich Kind war, hatte meine Mutter Plastikförmchen zur Herstellung von selbst gemachtem Eis am Stiel. Sechs rechteckige Becher, die jeweils einen abnehmbaren Griff enthielten, der wie ein kleines Schwert aussah. Die Förmchen waren perfekt, um die eingefüllte süße Flüssigkeit einzufrieren und sie dann mit Leichtigkeit am Deckel/Griff/Schwert-Dingsbums herauszuziehen. Meine Mutter war eine Gesundheits- und Ernährungsfanatikerin, deshalb bestand unser Eis am Stiel normalerweise aus ungesüßtem Orangensaft oder Milch mit Honig. Während die Nachbarskinder immer das billige, im Laden gekaufte Stieleis hatten – voll weißem Zucker, leckeren Chemikalien und rotem Farbstoff –, schnappte ich mir mein fades, selbst gemachtes Wassereis und ging nach draußen, um in der trockenen kalifornischen Sommerhitze zu spielen. Unser Saft- oder Milcheis war gar nicht so schlecht, aber ich würde lügen, wenn ich behaupten würde, dass ich nicht an vielen Sommertagen sehnsüchtig auf das große Magnum-Eis, die Pop-Ups (zum Hochschieben) und das Raketeneis meiner Freunde geschaut hätte.

Eines heißen Julitages beschloss ich, selber Eis am Stiel zu machen. Ich füllte Milch und Orangensaft in die Förmchen, weil ich die geniale Idee hatte, «Orangenmilcheis» zu machen. Ich öffnete die Schublade, wo ich die Dinger mit dem Deckel, dem Griff und dem Schwert erwartete, aber sie waren nicht da. Ich durchsuchte alle Schubladen und Schränke der Küche, aber ich konnte sie nirgends finden. (Bei vier Kindern im Haus wäre es auch ein wahres Wunder, wenn jeder Eisstiel immer dahin zurückgebracht würde, wo er hingehört). Also musste ich kreativ werden: Ich holte sechs Teelöffel aus der Besteckschublade und steckte sie in die Förmchen mit der cremigen Mischung. Ich stellte sie in den Gefrierschrank und wartete darauf, dass sie fest würden.

Nach ein paar Stunden holte ich die Förmchen heraus, griff das Ende eines Löffels und zog daran. Der Löffel glitt sauber heraus, aber ohne Eis am Stiel. *Seufz.* Ich stellte die Förmchen zurück in den Gefrierschrank, damit das Eis etwas härter wurde, bevor ich es das nächste Mal probierte. Diesmal ging ich etwas vorsichtiger vor. Ich rüttelte es vorsichtig aus seiner Hülle und, schwupp, hatte ich mein fades Eis in der Hand.

Als ich meine Kreation nun aber genießen wollte, stieß ich auf einige Schwierigkeiten. Zunächst einmal war der Griff zu kurz, weil der Löffel bis zum Boden der Form gesunken war, bevor die Masse gefroren war, sodass nur ein winziges Stielende herausragte. Deshalb tropfte mir das schmelzende Eis am Stiel bald auf die Finger und lief an den Händen herunter. Ich hatte den Löffel mit nichts in der Mitte der Form stabilisieren können, sodass er in einem schiefen Winkel eingefroren war. Ich konnte das Eis nicht auf beiden Seiten gleichmäßig ablecken, und schließlich fiel die eine Hälfte vom Löffel. Der Rest folgte sogleich. Und die Moral von der Geschichte? Löffel sind fantastisch zum Essenlöffeln und In-den-Mund-Stecken. Das ist ihr Zweck. Aber als Eisstiel sind sie nicht zu gebrauchen.

Auch der Mensch ist zu einem ganz bestimmten Zweck erschaffen worden. Wenn wir versuchen, unser Leben auf eine Art und Weise zu führen, die nicht unserer Bestimmung entspricht, sind wir wie dieser Löffel, der ein Eisstiel sein wollte, und es wird nie richtig funktionieren. Wir werden wahrscheinlich am Leben bleiben, einige gute Dinge in der Welt tun und sogar Liebe und ein gewisses Maß an Glück finden. Aber wir werden nicht den Kern dessen treffen, was uns wirklich ausmacht, was uns befriedigt und erfüllt.

In 1. Mose 1,26 finden wir einen Hinweis auf unsere eigentliche Bestimmung: «Dann sagte Gott: ‹Jetzt wollen wir den Menschen machen, unser Ebenbild, das uns ähnlich ist.›» Gleich zu Beginn sehen wir, dass der Mensch anders geschaffen wurde als

Pflanzen, Tiere, Felsen und Wasser. Er wurde als einzige Schöpfung nach dem Ebenbild Gottes erschaffen. Das bedeutet, dass jeder einzelne Mensch, der jemals gelebt hat, eine bestimmte Würde, einen bestimmten Wert und eine bestimmte Bedeutung hat.

Aber (ja, es gibt ein großes «Aber»), als Adam und Eva beschlossen, sich von Gott abzuwenden und ihren eigenen Begierden nachzugehen, indem sie von dem Baum der Erkenntnis von Gut und Böse aßen, entfesselten sie das Böse – mit anderen Worten die Sünde – in der Welt. Als sie anschließend Kinder bekamen, wurden diese wiederum Eltern von Kindern. So wie Adam und Eva nach dem Bilde Gottes geschaffen waren, wurden auch ihre Kinder nach dem Ebenbilde Adams und Evas geschaffen. Deshalb ist das Bild Gottes nicht verloren gegangen. Es wurde weitergegeben, aber es wurde entstellt. Die sündige Natur wurde an ihre Nachkommenschaft weitergegeben.

Um es in der Sprache der Eisstiele zu formulieren: Gemäß unserer ursprünglichen Bestimmung zu leben, ist wie der Versuch, einen Eisstielgriff zu benutzen, der sich durch die Hitze der Spülmaschine verzogen hat. Wir haben das richtige Utensil für die richtige Aufgabe, und auch die Vorstellung, wofür es gemacht wurde, bleibt erhalten. Aber es hat seine ursprüngliche Form verloren und damit auch die Fähigkeit, seinen wahren Zweck zu erfüllen. Du kannst versuchen, den verformten Griff in die Plastikform zu stopfen und dabei das Mantra «Du bist genug» wiederholen. Aber am Ende wird es einfach nicht richtig funktionieren. Das liegt daran, dass er beschädigt wurde, und bis das irgendwie wieder in Ordnung gebracht wird, kann der Griff nicht wie ursprünglich vorgesehen als Eisstiel verwendet werden.

Entstellt

Die Bibel nimmt kein Blatt vor den Mund, wenn es um unseren wahren Zustand geht. Der Apostel Paulus schreibt in Römer 5,12, dass Sünde und der menschliche Tod durch einen einzigen Menschen, Adam, in die Welt gekommen sind. «Nun sind alle Menschen dem Tod ausgeliefert, denn alle haben auch selbst gesündigt.» In 1. Mose 8,21 lesen wir, dass die Menschen «von frühester Jugend an voller Bosheit sind». In Psalm 14,2–3 steht, dass Gott vom Himmel schaut, um zu sehen, ob es einen gibt, der Gutes tut, aber er kann keinen Einzigen finden. Wir lernen aus Jeremia 17,9, dass unsere Herzen «unheilbar krank» und trügerisch sind. Und Prediger 9,3 schildert, wie voll von Bosheit und Unverstand die Herzen der Menschen sind. All das zeigt auf, wie jeder einzelne Mensch, der jemals gelebt hat, das Bild Gottes, nach dem er geschaffen wurde, entstellt. Es ist eine harte Wahrheit. (Das ist der «Du bist nicht genug»-Teil.)

Zum Vergleich

Halten wir einen Moment inne. Ich weiß, es ist deprimierend im Moment, aber ich verspreche, dass wir bald zum guten Teil kommen werden. Vergleichen wir zunächst die obigen biblischen Aussagen mit Zitaten aus einigen kürzlich veröffentlichten Büchern bekennender Christen:

«Ich bin vollkommen genug.»[28]

«Du verdienst Güte.»[29]

«Ich beschäftigte mich mit dem Evangelium und verstand schließlich Gottes Botschaft, dass ich geliebt und wertvoll bin und so genüge ... wie ich bin.»[30]

Erkennst du den Unterschied zwischen dem düsteren Bild, das die Bibel von unserer menschlichen Natur zeichnet, und dem überoptimistischen Bild, das einige der modernen Autoren zeichnen? Es unterscheidet sich nicht nur ein bisschen. Es ist das genaue Gegenteil. Glücklicherweise kann die Bibel auch erklären, warum das so ist. Tatsächlich beschäftigt sich das gesamte erste Kapitel des Römerbriefs damit, diesem Phänomen nachzugehen. Willst du die Entstehungsgeschichte buchstäblich jeder falschen Religion, Philosophie und Ideologie kennen?

Gott spricht durch den Apostel Paulus, um uns einen Hinweis zu geben. In Vers 19 erklärt er, dass jeder, der jemals gelebt hat, sich die Schöpfung anschauen und wissen kann, dass Gott existiert. Wir können sogar bestimmte Eigenschaften Gottes an der Schöpfung ablesen und wie er in der Welt wirkt. Das ist richtig. Keinem, der jemals geboren wurde, wird der Zugang zu Wissen über Gott verweigert, selbst wenn er noch nie etwas von der Bibel gehört hat. Noch dazu sagt Paulus, dass diese Offenbarung eigentlich ziemlich eindeutig ist. Sie ist sogar vollkommen klar. In Vers 20 schreibt er: «Gott ist zwar unsichtbar, doch an seinen Werken, der Schöpfung, haben die Menschen seit jeher seine ewige Macht und göttliche Majestät sehen und erfahren können.» Paulus führt weiter aus, dass sich deshalb kein Mensch herausreden kann, wenn er Gott ablehnt.

Psalm 19 veranschaulicht diesen Punkt sehr schön: «Der Himmel verkündet Gottes Hoheit und Macht, das Firmament bezeugt seine großen Schöpfungstaten. Ein Tag erzählt dem

nächsten davon, und eine Nacht sagt es der anderen weiter»
(Verse 2–3).

Paulus beginnt also mit der Tatsache, dass die Menschen
Gott bereits kennen. Wenn sie sich also von ihm abwenden,
dann deshalb, weil sie sich weigern, ihn als Gott anzuerkennen.
Und er gibt ihnen dann, was sie wollen: Er erlaubt ihnen, die
Schöpfung statt den Schöpfer anzubeten. Sehr oft wenden sie
sich nur nach innen und beten sich selbst an. Das ist genau das,
was jede Scheinreligion auf den Punkt bringt.

Doch solches Handeln bleibt nicht ohne Folgen. Die Menschen ziehen den Zorn des Herrn auf sich, denn sie tun all dies
nicht aus Unwissenheit. Sie verdrängen bereitwillig und wis-
sentlich die Wahrheit, um der Lüge hinterherzujagen. Möglicherweise ist das der Grund, warum der Apostel Paulus in
Epheser 2,1–3 die Sache so weise erklärt:

Aber wie sah euer Leben früher aus? Ihr wart Gott ungehorsam und wolltet von ihm nichts wissen. In seinen Augen wart
ihr tot. Ihr habt gelebt, wie es in dieser Welt üblich ist, und
wart dem Satan verfallen, der seine Macht ausübt zwischen
Himmel und Erde. Sein böser Geist beherrscht auch heute
noch das Leben aller Menschen, die Gott nicht gehorchen.
Zu ihnen haben wir früher auch gehört, damals, als wir eigen-
süchtig unser Leben selbst bestimmen wollten. Wir haben
den Leidenschaften und Verlockungen unserer alten Natur
nachgegeben, und wie alle anderen Menschen waren wir
dem Zorn Gottes ausgeliefert.

Wow! Was für ein Unterschied. Die Gesellschaft meint, du und
ich sollten denken, dass wir genug sind. Laut Bibel habe ich von
Natur aus Gottes Zorn auf mich gezogen.

Der gute Teil

Ich habe versprochen, dass wir noch zum guten Teil kommen, und hier sind wir nun. Paulus hat uns gesagt, dass wir von Natur aus nicht einmal nah dran sind, gut zu sein. Aber er überbringt uns gute Neuigkeiten, indem er sagt, dass Jesus, obwohl er «von keiner Sünde wusste», zur Sünde gemacht wurde (durch seinen Tod am Kreuz), damit wir «zur Gerechtigkeit Gottes würden» (2. Korinther 5,21; SL). Mit anderen Worten: Jesus deckt unsere Unzulänglichkeit mit seiner Vollkommenheit zu, damit wir vor Gott *genug* sind. Das ist wahr: *Jesus ist genug*, und wenn wir unseren Glauben und unser Vertrauen auf ihn setzen, finden wir durch ihn Frieden mit Gott.

Du musst nicht genug sein – weil Jesus bereits genug ist. Er erklärt das ganz einfach in Johannes 15, wo er sich mit einem Weinstock vergleicht: Diejenigen, die an ihn glauben, sind wie Reben, die an diesem Weinstock und abhängig von ihm wachsen. Jesus sagt uns, dass wir, wenn wir in ihm bleiben und er in uns, gute Frucht bringen werden.

In der Natur muss eine Rebe, die von ihrem Weinstock abgeschnitten wird, schnell sterben. Sie wird keine Frucht hervorbringen. Sie ist nicht genug. Genauso ist es mit uns Menschen. Jesus sagt uns, warum das so ist: «Denn ohne mich könnt ihr nichts ausrichten» (Vers 5).

Denk an Psalm 14, wo beschrieben wird, wie Gott vom Himmel herabschaut und keinen einzigen guten Menschen findet. In Römer 3,10–12 zitiert Paulus diesen Psalm und sagt einige Verse später, dass alle schuldig sind: «Alle haben gesündigt und ermangeln der Herrlichkeit Gottes» (Vers 23; ELB).

Kurz danach jedoch rückt Paulus mit der wirklich guten Nachricht raus. In Römer 5,1 steht: «Nachdem wir durch den

Glauben von unserer Schuld freigesprochen sind, haben wir Frieden mit Gott durch unseren Herrn Jesus Christus.» Egal, ob wir gewinnen oder verlieren, in diesem Leben glücklich sind oder leiden, unsere Karriereziele übertreffen oder obdachlos sind, wir können das erreichen, wofür wir geschaffen wurden: Frieden mit Gott finden, ihn anbeten und ihn hier auf Erden und in Ewigkeit genießen.

Du wirst nie gut genug, schlau genug, ehrgeizig genug, sportlich genug, diszipliniert genug, stark genug, gnädig genug, liebevoll genug, ehrlich genug, begabt genug, hart genug, sanft genug, talentiert genug oder hingebungsvoll genug sein. *Du. Bist. Nicht. Genug.* Diese Nachricht demütigt die Mächtigen und erhebt die Demütigen. Das ist das schöne Paradoxon des Evangeliums, «dass Christus für uns starb, als wir noch Sünder waren» (Römer 5,8).

Du bist nicht genug, aber wenn du dein Vertrauen auf Jesus setzt, wird sein Genugsein auf dich übertragen. Ist das nicht gut? Wenn du einverstanden bist, habe ich noch mehr für dich. Denn bewaffnet mit dem Wissen, dass du aus dir selbst heraus nicht genug bist, wirst du besser entscheiden können, wer in deinem Leben an erster Stelle steht.

Tipp: #Iamsecond.

5.

Armageddon

Du solltest dich selbst an die erste Stelle setzen

Niemand ist nutzlos in dieser Welt, der einem anderen die Bürde leichter macht.

Charles Dickens: Doktor Marigold

Jeder Sommer hat seinen Blockbuster-Film und 1998 bildete da keine Ausnahme. Menschenmassen strömten in die Kinos, um zu sehen, wie Bruce Willis in dem mit Spannung erwarteten Film *Armageddon* die Welt davor bewahrte, von einem Asteroiden ausgelöscht zu werden.

Es war ein schwieriges Jahr; der Präsident war in einen Skandal verwickelt («Ich hatte keine sexuelle Beziehung mit dieser Frau!»), die Zahl der Angriffe auf Abtreibungskliniken nahm zu und die Gefahr wuchs, dass der Irak die Abschaffung seiner Massenvernichtungswaffen verweigern würde. Es gab Schießereien in Schulen, Saddam Hussein richtete verheerenden Schaden an und Pakistan testete Atombomben. Alles war sehr angespannt, und die amerikanische Öffentlichkeit sehnte sich nach einer Ablenkung.

Ich holte mir Popcorn und Limo und suchte mir einen Sitz in der Mitte der Reihe. Es war schon immer etwas Besonderes für mich, allein ins Kino zu gehen. Keine Unterbrechungen. Kein Gequatsche. Ich hatte gerade ein paar schwere Jahre hinter mir und war bereit, mich von Weltraumgestein, Astronauten und nuklearen Lösungen ablenken zu lassen. Wie konnte man eine gestresste Bevölkerung besser unterhalten als mit Charlton Hestons nüchterner Beschreibung eines Asteroideneinschlags, der vor Millionen von Jahren stattgefunden und Dinosaurier und beinahe alles Leben auf der Erde ausgelöscht hatte? Der Film beginnt mit rhythmischen Streichern, die das Pulsieren von Trommeln und Becken betonen, während ein superernster Heston warnt: «Es ist schon einmal passiert ... und es *wird* wieder passieren.» (Wie aufs Stichwort folgt noch mehr gruselige Musik.) «Die Frage ist nur: *wann.*»

Heston sollte recht behalten: Die NASA entdeckt im Film einen Asteroiden von der Größe des US-Bundesstaates Texas, der auf die Erde zurast. Er soll in nur achtzehn Tagen einschlagen. Wenn dieser kosmische Torpedo auf den Planeten trifft, ist alles vorbei. Das buchstäbliche Ende der Welt. Wissenschaftler der Regierung und der NASA setzen sich zusammen, um einen Masterplan zu entwickeln, der die Welt vor dem drohenden Untergang retten soll. Sie beschließen, dass es der beste Weg ist, ein Loch in den Asteroiden zu bohren, ihn mit einer Atombombe zu bestücken und ihn in die Luft zu jagen, bevor er in die Erdatmosphäre eindringt.

Das ist keine Aufgabe für einen einfachen Astronauten. Hier kommt Harry Stamper ins Spiel, der weltbeste Ölbohrexperte. Die NASA überzeugt diesen mürrischen, aber gutherzigen Antihelden, ins All zu fliegen und das zu tun, was nur er tun kann: das Kommando über eine gigantische Bohrinsel namens Armadillo übernehmen, zum Kern des Asteroiden bohren und eine Atombombe zünden. Das soll den Asteroiden in zwei Teile spalten, die die Erde um Hunderte von Meilen verfehlen. Harry rekrutiert seine treuesten Mitarbeiter, eine Bande von Außenseitern, die schnell noch lernen müssen, wie man Astronaut wird, bevor sie in T minus zwölf Tagen abheben. Die Trainingsszenen sind unterlegt mit Aerosmiths «Sweet Emotion», und es ist alles so 90er-Jahre-mäßig. (Nur fürs Protokoll: Ich mag das.)

Was Harry antreibt, ist die liebevolle, aber turbulente Beziehung zu seiner etwas über zwanzigjährigen Tochter Grace, gespielt von Liv Tyler. Weiterer Handlungsstrang: Grace ist in A. J. (Ben Affleck) verliebt, einen von Harrys besten Mitarbeitern – sehr talentiert, aber ein ziemlicher Hitzkopf. Als Harry das herausfindet, wird er zum Helikoptervater, verbietet die Beziehung und nimmt Grace mit ins NASA-Hauptquartier, um sie vor A. J. zu schützen. (Tipp für Eltern: Wollt ihr die Flammen der Liebe zwischen eurer Tochter und ihrem furchtbaren

Freund noch weiter anfeuern? Verbietet ihnen, sich zu sehen. Ich meine ... hat Harry mal *Romeo und Julia* gelesen?) Aber Mist, A. J. ist sein bester Mitarbeiter, also muss Harry seinen Stolz überwinden und ihn mitnehmen. In der Zwischenzeit macht A. J. Grace einen Heiratsantrag, was auf Harrys unverhohlene Missbilligung stößt.

Die Spannung steigt, als das Einschlagsereignis naht und Harry und seine wilde Crew sich auf den Weg machen, um die Welt zu retten. So ziemlich alles, was schiefgehen kann, geht schief: Die Raumstation, an der sie tanken, explodiert, ihre Triebwerke werden von Trümmern getroffen, ein Haufen Menschen sterben und es gibt eine Bruchlandung auf dem Asteroiden. Sie landen auf einem Abschnitt, der aus gehärtetem Eisen besteht, wodurch ihr erster Bohrkopf zerstört wird und ihr Getriebe versagt. Die Crew verliert den Kontakt zur Erde, weitere Menschen sterben und es sieht alles ziemlich düster aus.

Nach einer wahren Zitterpartie gelingt es ihnen schließlich, das Loch zu bohren und die Bombe erfolgreich zu platzieren. Aber: Houston, wir haben ein Problem. Da ihnen nur noch achtzehn Minuten bleiben, stellen sie fest, dass jemand zurückbleiben muss, um die Bombe manuell zu zünden und damit sein Leben hinzugeben, um die Welt zu retten. Aber wer soll es sein? Sie ziehen das Los und es trifft A. J.

Harry hilft A. J., zum Kern des Asteroiden zu reisen, und übernimmt in letzter Minute A. J.s Platz auf der Selbstmordmission. A. J. reist zusammen mit den anderen Überlebenden sicher nach Hause. Auf der Erde angekommen, heiraten A. J. und Grace in einer melodramatischen Szene, die nur von *Robin Hood – König der Diebe* von 1991 übertroffen wird, wo Kevin Costner als Robin Hood Maid Marian (mit dem schlechtesten britischen Akzent überhaupt) mitteilt: «I would die fer yew.»

(Z. Dt.: Ich würde für dich sterben. – Ein weiterer Punkt für die Neunzigerjahre.)

Harry Stamper, unser mürrischer Protagonist und unerwarteter Held, gibt sein Leben, um die Welt zu retten. Also, *das* ist doch mal eine gute Geschichte. Es ist auch eine Geschichte, die immer wieder neu erzählt wird. Von Gandalf bis Ironman: Jedes Mal, wenn ein Mensch sein Leben für andere opfert, wird er als Held gefeiert. Das ist es, was Helden tun. Jesus formulierte es folgendermaßen: «Niemand liebt mehr als einer, der sein Leben für die Freunde hingibt» (Johannes 15,13).

Spulen wir nun zurück und stellen uns vor, Harry Stamper hätte kurz vor der Anfrage der NASA einen Selbsthilfebestseller gelesen, der dazu ermutigt, sich selbst zur obersten Priorität zu machen. Aufgetankt mit positiven Affirmationen und Selbstliebe-Mantras und bewaffnet mit einem ausgedruckten Arbeitsblatt, wäre er sich sicher, dass seine unerfüllten irdischen Träume mehr Zeit erfordern. Was für ein Vorbild wäre er für seine Tochter, wenn er seine wichtigsten Ziele jetzt aufgäbe? Welche Botschaft würde ihr das vermitteln, was *ihre eigenen* unerfüllten Wünsche angeht? Also überlässt er A. J. die Verantwortung für die Menschheit, kehrt zur Erde zurück und investiert in das Start-up, von dem er immer dachte, es würde die Welt verändern. Gute Arbeit, Harry.

Es wäre ein schrecklicher Film. Wahrscheinlich würden die Leute nach solch einem Flop ihr Geld zurückverlangen. Warum? Weil unser Held in Wirklichkeit nur ein egoistischer Feigling wäre; tief im Innern wissen wir alle, dass es edler ist, andere an die erste Stelle zu setzen, als selbstsüchtig zu handeln. Wir wissen, dass das Voranstellen unserer eigenen Träume, Ambitionen und Ziele gegenüber den Bedürfnissen anderer regelrecht bösartig ... ja, sogar verachtenswert ist.

Warum klingt das so gut?

Vor langer Zeit, als es noch kein Netflix mit endlosen Serien am Stück gab, mussten die Leute noch bis zu einem bestimmten Abend in der Woche warten, um ihre Lieblingssendung sehen zu können. Als ich ein kleines Mädchen war, machte meine Mutter immer Popcorn und heißen Kakao, wenn wir jede Woche die beliebte Serie *The A-Team* schauten, in der vier Ex-Soldaten nach Los Angeles flohen, nachdem sie eines Verbrechens beschuldigt worden waren, das sie nicht begangen hatten. Sie gerieten in allerlei Schwierigkeiten, was meist einen Kugelhagel aus Maschinengewehren bedeutete, aber nie wurde einer verletzt. Wir hinterfragten das nicht, und es war wunderbar.

Hin und wieder wurde das A-Team von meiner Lieblingswerbung für Calgon-Badezusatz unterbrochen. In der Werbung ging es um eine berufstätige Mutter in den Dreißigern, die von all ihren Pflichten total genervt war. Der Hund! Die Arbeit! Die Kinder! Oh, es war einfach alles zu viel, und irgendwann verlangte sie: «Calgon, hol mich hier raus!» Augenblicklich blitzte auf dem Bildschirm ihr müder Körper auf, der in einer riesigen, runden Badewanne voller Blubberblasen entspannte, die scheinbar irgendwo im antiken Griechenland stand. Umringt von den Säulen des Parthenon, badete die erschöpfte Mutter in ihrem «Genießer-Kessel» alle ihre Sorgen hinweg – dank des verzauberten Calgon-Produkts.

Jedes Mal, wenn ich diese Werbung sah, machte ich mir innerlich eine Notiz: *Kaufe Calgon für Mama, denn sie verdient es, mit den Leuten aus Olympia zu baden.* Meine Mutter hatte vier Kinder, die zur Schule, zum Sport und Musikunterricht mussten, und mein Vater war beruflich immer auf Reisen. Es war das Mindeste, was ich tun konnte.

Sich selbst an die erste Stelle zu setzen klingt gut, denn wir alle wissen, dass ein erschöpfter, wütender und überarbeiteter Mensch niemandem nützt. Alles zu verdrängen und in ein warmes, sprudelndes Luxusbad zu sinken, klingt nach genau der richtigen Methode, um neue Geduldsquellen anzuzapfen und unsere Sorgen wegzuspülen.

Und bitte. Mütter. Hört auf mich. Wenn ihr am Ende eurer Kräfte seid, nehmt ein Bad. Liebe Eltern, treibt Sport, geht essen, hackt Holz oder guckt euch ein Spiel eurer Lieblingsmannschaft an. Tut, was auch immer ihr tun müsst, um eure inneren Akkus wieder aufzuladen, und was euch Energie gibt, um eurer Familie besser dienen zu können. Natürlich ist es wichtig, dass wir uns als gute Verwalter des Lebens, das Gott uns geschenkt hat, um Körper und Seele kümmern.

Aber wenn unser Selbstverständnis nicht in der Heiligen Schrift verwurzelt ist, kann es leicht passieren, dass wir die Fähigkeit, gut mit uns selbst umzugehen, mit einer allzu weltlichen Vorstellung von sogenannter «Selbstliebe» verwechseln.

Sisters are doin' it for … themselves

Erinnerst du dich, dass ich in der Schwangerschaft vierzig Kilo zugenommen hatte? Einige Monate nach der Geburt meiner Tochter machte ich mir über mein Aussehen und meine Gefühlswelt zunehmend Sorgen. Außerdem befand ich mich gerade mitten in einer Glaubenskrise – das Leben schien aus dem Ruder zu laufen. Ich sagte mir, ich wolle für meine Tochter gesund und stark werden, in Wirklichkeit aber war ich voller Selbstverachtung und Abscheu wegen meines Gewichts. Es ging mir, wenn ich ehrlich bin, allein um mich.

Ich fiel in bekannte, zerstörerische Muster aus meiner Vergangenheit zurück. Ich verlor Gewicht. Und dann noch mehr Gewicht. Es war nicht gesund. Aber hier ist die Sache: Das Abnehmen hat den Selbsthass nicht beseitigt. Er wurde nur noch schlimmer. Was als Versuch begann, «für meine Tochter gesund zu werden», wurde zu einem Teufelskreislauf, der mir Energie raubte und mich in einen ständigen Zustand der Scham und Unfreiheit stürzte. Wenn ich wegen meines unvollkommenen Körpers Schuld und Selbsthass verspürte, zog ich mich in mich selbst zurück.

Ich versuchte, die Situation zu kontrollieren und sie selbst in Ordnung zu bringen. Ich betete nicht darüber. Ich bat Gott nicht, mir zu helfen. Tatsächlich war ich mir zu der Zeit nicht einmal sicher, dass Gott existiert. Ich fühlte mich fett und allein, und ich versuchte, mich an den eigenen Haaren aus dem Sumpf zu ziehen. Aber sich an den eigenen Haaren aus etwas herauszuziehen ist physisch unmöglich. Denk mal darüber nach. Oder besser noch: Versuch es. Es ist einfach nicht möglich.

In ihrem wunderbaren Buch *You're Not Enough (And That's Okay)* (z. Dt.: Du bist nicht genug und das ist okay) fand Allie Beth Stuckey Worte für das, was in mir vorging: «Das Selbst kann nicht gleichzeitig das Problem und die Lösung sein. Wenn unser Problem darin besteht, dass wir unsicher oder unerfüllt sind, können wir das Gegenmittel für diese Dinge nicht an demselben Ort finden, aus dem unsere Unsicherheiten und Ängste kommen.»[31] Ich hasste mich selbst für meine ungesunden Muster, und gleichzeitig dachte ich, ich könnte mich selbst heilen. Aber so funktioniert das nicht.

Kurz nachdem ich abgenommen hatte, wurde ich erneut schwanger und nahm 32 Kilo zu. Aber diesmal war meine Beziehung zu Gott schon etwas geheilt. Ich versprach ihm und mir selbst, dass ich mein Gewicht Gott anvertrauen und ihm vertrauen würde, selbst wenn ich den Rest meines Lebens schwerer wäre, als ich es mir wünschte. Ich weihte meinen Mann ein und bat ihn, immer ein Auge darauf zu haben und mich regelmäßig zu fragen, wie es bei mir um das Thema Essen steht. Ich entschied mich ein für alle Mal, ehrlich zu sein, und bin es seither auch immer gewesen – selbst wenn die Antwort manchmal schmerzhaft oder peinlich war.

Langsam wurde ich gesund. Bis heute fragt mich Mike, wie es mir mit dem Thema Essen geht, und ich liebe ihn dafür.

Jahre später, nachdem mein Glaube wiederhergestellt worden war, musste ich ein Porträtfoto für meinen neuen Apologetik-Blog machen lassen. Ich nahm dafür aber nicht ab. Aus irgendeinem Grund traf ich sogar die geniale Entscheidung, meine Haare kurz schneiden zu lassen und sie natürlich gelockt zu tragen. So wie meine schlechte Frisur blieb auch mein Gewicht über sieben Jahre lang gleich.

Mit anderen Worten, ich habe meine eigenen Wünsche, Ambitionen und meine Eitelkeit nicht vor meinen Mann und meine Kinder gestellt, die eine gesunde Frau und Mutter brauchten. Tatsächlich entsprach das Nicht-Abnehmen meiner Entscheidung, andere an die erste Stelle zu setzen. Für eine Weile … Aber mit der Zeit verwandelte sich diese Entscheidung in eine Ausrede, um zu viel zu essen, faul zu werden und inaktiv zu sein. Also nahm ich noch mehr zu, was es mir schwer machte, morgens aus dem Bett zu kommen. Ich wurde schon bei einfachen Aufgaben müde und suchte nach Ausreden, um nicht mit den Kindern spielen zu müssen.

An einem Weihnachtsabend, als ich mir mit einem riesigen Holzlöffel Pudding reinschaufelte und mich fragte, wie viel ich wohl noch schöpfen könnte, damit genug für den Kuchen übrig blieb, den ich backen wollte, hatte ich die Erleuchtung: *Es musste sich etwas ändern. So konnte es nicht weitergehen.*

Mir wurde klar, dass ich bei meinem Versuch, meine Essstörung in den Griff zu bekommen, von einem Extrem ins andere gefallen war. Ich hatte ein Ungleichgewicht geschaffen, indem ich extreme Maßnahmen, um schlank zu bleiben, mit extremer Nachsicht ausgetauscht hatte. Nichts davon war im Interesse meiner Familie. Beim ersten Mal hatte ich mich für den Egoismus entschieden (es war mir wichtiger, schlank auszusehen, als eine *gesunde* Mutter für meine Kinder zu sein), und jetzt entschied ich mich wieder für den Egoismus (ich wollte lieber mehr essen und auf dem Sofa sitzen als eine *aktive* Mutter für meine Kinder zu sein).

Jedes Mal, wenn wir uns dafür entscheiden, unsere eigenen Wünsche und Begierden über die Bedürfnisse anderer zu stellen, entsteht ein Ungleichgewicht. Diesmal wollte ich tatsächlich für meine Kinder in Form kommen, also bat ich um Hilfe, folgte einem Plan und beschloss, nicht jedem Verlangen nachzugeben. Gott gab mir auch das wunderbare Geschenk des Laufens und Wanderns, aber das ist eine Geschichte für ein anderes Mal.

Langsam, aber sicher begann ich abzunehmen, und es tat nicht mehr weh, morgens vom Bett ins Bad zu gehen. Ich fühlte mich besser, nachdem ich die Bedürfnisse anderer vor meine eigenen gestellt hatte. Ich arbeite immer noch daran, ich würde mir etwas vormachen, wenn ich sagen würde, dass ich alles im Griff habe. Aber ich weiß, dass ich, wenn ich joggen gehe, Gewichte hebe und vernünftige Portionen gesunder Lebensmittel esse, eine viel bessere Mutter und Ehefrau bin. Ich habe Energie, um den ganzen Tag zu schreiben, wenn meine Kinder in der Schule sind, und bin dann (ganz) präsent und engagiert, wenn sie nach Hause kommen. Ich bin Gott dankbar für dieses Geschenk. Aber das wäre nicht möglich gewesen, wenn ich mich weiterhin an die erste Stelle gesetzt hätte.

Was würde Jesus tun?

In der Bibel steht eine ganze Menge zu dem Thema, andere an die erste Stelle zu setzen, und vieles davon hören wir direkt aus dem Mund von Jesus. Als er auf der Erde lebte, wurde er regelmäßig von zwei Gruppen religiöser Führer angefeindet: den Pharisäern und den Sadduzäern. Die Pharisäer waren sehr strenge Juristen, wenn es um das Gesetz ging. Sie fügten eine ganze Reihe mündlicher Regeln und Traditionen zum Gesetz hinzu, um sich von der Gesellschaft abzugrenzen und vor Gott reinzubleiben. Die Sadduzäer hingegen lehnten diese mündlichen Traditionen ab und leugneten, dass es einmal eine Auferstehung von den Toten geben würde.

Eins vereinte sie jedoch trotz dieser Meinungsverschiedenheiten: Beide Gruppen hassten Jesus. Sie versuchten ständig, ihn zu Fall zu bringen, ihn zu überlisten und zu beweisen, dass er falsch lag.

Eines Tages, als die Pharisäer hörten, dass Jesus den intellektuellen Kugeln der Sadduzäer wie Neo aus *The Matrix* ausgewichen war, wählten sie einen ihrer Rechtsexperten aus, um ihn zu testen. In Matthäus 22,36 fragt dieser Rechtsgelehrte Jesus, welches das wichtigste Gebot sei. (Bei Hunderten von Gesetzen, aus denen man wählen kann, hat er sich wohl gedacht, dass er Jesus in Verlegenheit bringen würde.) Ohne eine Sekunde zu zögern, zitierte Jesus zwei Verse aus der Schrift. Zuerst die berühmte Stelle aus 5. Mose 6,5, die die Juden das «Schma Jisrael» nennen: «Du sollst den Herrn, deinen Gott, lieb haben von ganzem Herzen, von ganzer Seele und mit all deiner Kraft» (LUT). Als Nächstes zitierte er 3. Mose 19,18: «Du sollst deinen Nächsten lieben wie dich selbst» (LUT). In Vers 40 lesen wir, wie Jesus diesen Austausch mit einer mutigen Behauptung zusammenfasste: «Alle anderen Gebote und alle Forderungen der Propheten sind in diesen beiden Geboten enthalten.» (In der jüdischen Kultur des ersten Jahrhunderts bezog sich der Ausdruck «das Gesetz und die Propheten» auf das gesamte Alte Testament.)

Halte einmal inne und denke einen Moment darüber nach, wie unglaublich genial Jesus Antwort war. Buchstäblich jedes Gebot im Alten Testament wird perfekt befolgt, wenn man diese beiden Gebote hält. Nehmen wir zum Beispiel die Zehn Gebote. Das erste lautet: «Du sollst außer mir keine anderen Götter verehren!» (2. Mose 20,3). Wenn du Gott von ganzem Herzen liebst, wirst du keine anderen Götter vor ihn stellen. Das zweite Gebot ist ähnlich, denn es besagt im Grunde, dass es verboten ist, sich selbst Götzenbilder zu machen. Noch einmal: Wenn du Gott von ganzem Herzen liebst, wirst du das nicht tun. Den Namen des Herrn missbrauchen? Wenn du Gott über alles liebst, ist das kein Problem. Die Gebote vier bis zehn verbieten Dinge wie Ehebruch, Mord, Stehlen, Lügen und Habgier. Denk mal darüber nach. Wenn du deinen Nächsten wie dich selbst liebst, *wirst du ihm diese Dinge nicht antun.* Wie genial!

Einige Bibelausleger haben die Stelle «Liebe deinen Nächsten wie dich selbst» als Auftrag verstanden, sich selbst zu lieben. Aber wie ein Kommentator schreibt: «In unserer narzisstischen Kultur, die in einem Überangebot an Psychologie versinkt, haben die meisten dies als ein Gebot zur Selbstliebe aufgefasst.

[...] Der Text befiehlt jedoch nicht Selbstliebe; möglicherweise erkennt er ihre Existenz an, allenfalls rechtfertigt er sie. [...] Sicherlich beinhaltet ‹wie dich selbst› weder das Gebot, sich selbst zu lieben, noch die Aufforderung, dass man sich selbst lieben soll.»[32]

Beachte, dass Jesus nicht befehlen muss, sich selbst zu lieben. Er geht davon aus, dass du bereits weißt, wie man das macht. Stattdessen muss er dir sagen, dass du Gott an die *erste* Stelle setzen sollst, weil das nicht selbstverständlich ist.

Der Apostel Paulus hat es folgendermaßen zusammengefasst: «Niemand hasst doch seinen eigenen Körper. Vielmehr ernährt und pflegt er ihn. So sorgt auch Christus für seine Gemeinde» (Epheser 5,29). Was dem Menschen jedoch ganz leicht fällt, ist die Sünde. Darum geht es überall in den Lehren von Jesus. Schau es dir an.

Jesus hat bekanntlich gesagt: «Behandelt die Menschen so, wie ihr von ihnen behandelt werden möchtet» (Lukas 6,31). Nun hat manch ein Skeptiker Jesus vorgeworfen, dass er hier ältere Weisheiten abkupfert, da ähnliche Versionen dieses Gebots in den Sprüchen von Lehrern zu finden sind, die vor Jesus lebten, wie Konfuzius und Buddha, sowie im Hinduismus und in der griechischen Philosophie.[33] (Andererseits steht in 3. Mose 19,18 im Grunde das Gleiche und wurde geschrieben, lange bevor diese anderen Lehren aufkamen.)

Aber Folgendes haben die Skeptiker dabei übersehen: In jedem der oben genannten Beispiele (Buddha, Konfuzius usw.) wird die Goldene Regel in der negativen Form verwendet, wie «Was du *nicht* willst, das man dir tut, das füg auch *keinem* andern zu.» Das wiederum ist doch gar nicht so schwer, oder? Denn wenn man es so formuliert, muss man eigentlich *nichts tun*. Es kann einem vieles gleichgültig sein. Man kann immer noch sich selbst an die erste Stelle setzen und einfach nur vermeiden, anderen gegenüber ein großer Idiot zu sein.

Aber das reicht Jesus nicht aus. In typischer Manier dreht er die Idee auf den Kopf und macht aus einem «nicht tun» ein «tun». (Erinnern wir uns an die Bergpredigt, in der Jesus sagte, dass es nicht ausreicht, sich des körperlichen Ehebruchs zu enthalten, also, es nicht zu tun, sondern dass du, wenn du jemanden in deinem Herzen begehrst, schon des Ehebruchs schuldig bist? Genauso ist es.) Mit anderen Worten: Jesus wird nicht zulassen, dass du und ich die Goldene Regel in ihrer negativen Form anwenden. Wir sollen sie so anwenden, wie er es formuliert hat: Laut Jesus musst du darüber nachdenken, was du tun würdest, wenn du dich selbst an die erste Stelle setzen würdest, und *das dann jemand anderem tun.* Auf diese Weise ist es unmöglich, die Goldene Regel zu befolgen und gleichzeitig sich selbst an erste Stelle zu setzen.

Aber Jesus hat noch mehr zu dem Thema zu sagen: Er hat sich zum Beispiel einmal mit seinen Jüngern hingesetzt und ihnen geraten: «Wer der Erste sein will, der soll sich allen unterordnen und ihnen dienen» (Markus 9,35). Und in dem Wissen, dass sich die Menschen darüber Sorgen machen würden, was sie anziehen, was sie essen und wie ihr Leben enden würde, sagte er: «Sorgt euch nicht um euer Leben» (Matthäus 6,25; LUT).

Nachdem er aufgezeigt hatte, wie Gott seine Treue erweisen würde, um ihre körperlichen Bedürfnisse zu stillen, lehrte er: «Setzt euch zuerst für Gottes Reich ein und dafür, dass sein Wille geschieht. Dann wird er euch mit allem anderen versorgen» (Vers 33). Schließlich sprach er in Matthäus 10 eine richtig harte Wahrheit an. Wenn jemand sein Kreuz – ein Mittel zur Umsetzung der Todesstrafe – nicht auf sich nähme und ihm folgte, sei diese Person seiner nicht würdig (Vers 38). Und weiter fuhr er fort: «Wer sich an sein Leben klammert, der wird es verlieren. Wer aber sein Leben für mich aufgibt, der wird es für immer gewinnen» (Vers 39).

In Matthäus 5,39–41 schockierte er seine Nachfolger ein weiteres Mal, als er verlangte, dass der oder diejenige, denen jemand auf die eine Wange schlug, auch noch ihre andere anbieten sollten. Wenn jemand sie wegen eines Hemdes verklagte, sollten sie ihm auch noch den Mantel geben. Wenn jemand sie zwang, eine Meile mit ihm zu gehen, sollten sie zwei daraus machen. Außerdem sagte er: «Gib jedem, der dich um etwas bittet, und weise den nicht ab, der etwas von dir leihen will» (Matthäus 5,42).

Bei diesen Stellen handelt es sich ja nicht gerade um Musterbeispiele für Selbstermächtigung. Jesus hätte nicht deutlicher sagen können, was unsere erste Priorität sein sollte: nicht wir selbst, sondern Gott, sein Königreich, seine Gerechtigkeit und andere Menschen. Aufbauend auf der Aussage in Matthäus 10,38 erklärte er noch deutlicher, was nötig ist, um sich Jünger von Jesus nennen zu können: «Wer zu mir gehören will, darf nicht mehr sich selbst in den Mittelpunkt stellen, sondern muss sein Kreuz auf sich nehmen und mir nachfolgen» (Matthäus 16,24).

Jesus hat die Selbstverleugnung mit seinem eigenen Leben vorgelebt. Markus 10,45 beschreibt, warum er auf die Erde gekommen ist: «Der Menschensohn ist nicht gekommen, dass er sich dienen lasse, sondern dass er diene und sein Leben gebe als Lösegeld für viele» (LUT). Erinnerst du dich daran, wie er sagte, dass es das zweitwichtigste Gebot sei, seinen Nächsten zu lieben wie sich selbst? Hier hat er es miteinander verknüpft, indem er beschrieb, wie diese Art der Liebe aussieht. Er gab sein

Leben für uns. Er lebte diese Lehre mit Haut und Haar und besiegelte sie mit seinem eigenen Blut.

Paulus erkannte das. In Philipper 2,6–8 weist er darauf hin, dass Jesus, um hier auf die Erde zu kommen, seine göttlichen Privilegien aufgab. Er nahm die Gestalt eines Knechtes an, eines Menschen: «Er erniedrigte sich selbst und ward gehorsam bis zum Tode, ja zum Tode am Kreuz» (Vers 8; LUT). In seinen Briefen betont Paulus immer wieder, dass wir Christus in der Art und Weise, wie wir andere behandeln, imitieren sollen. Falls du jetzt noch Zweifel daran hast, ob Paulus nicht vielleicht doch meint, dass wir uns selbst an die erste Stelle setzen sollten, bedenke seine folgende eindrucksvolle Aussage: «Gottes unversöhnlicher Zorn aber wird die treffen, die aus Selbstsucht Gottes Wahrheit leugnen, sich ihr widersetzen und dafür dem Unrecht gehorchen» (Römer 2,8).

In der richtigen Reihenfolge zu leben, zu lieben und zu handeln ist wichtig – wobei Gott an erster und andere an zweiter Stelle stehen. Das bewahrt uns vor einem endlosen Pendeln zwischen Extremen wie Trägheit und Überarbeitung, Selbsthass und Selbstbesessenheit. Das ist nicht nur weise, sondern bringt auch eine Belohnung mit sich: «Wer anderen Gutes tut, dem geht es selber gut» (Sprüche 11,25). Verstehst du, wie das funktioniert?

So zu leben mag uns überwältigend schwer erscheinen, aber sieh es doch mal so: Wenn wir unser Leben hingeben, um Gott und anderen zu dienen, sind wir nicht wie ein Auto, dem der Treibstoff ausgeht. Wir sind vielmehr wie ein Haus mit Solarpanels. Diese Panels sind zur Sonne ausgerichtet und wandeln Sonnenlicht in Energie um, die wiederum das Haus mit Strom versorgt. Es ist ein fortwährender Prozess des Gebens und der Erneuerung.[34]

Wie du «authentisch» bist

Gesellschaftliche Sichtweise	Entgegengesetzte Sichtweise
Setz dich selbst an erste Stelle.	Ertrage die Fehler der anderen (Römer 15,1).
Übertriff dich selbst, ob auf der Arbeit oder in der Freizeit – was auch immer nötig ist, um deine Träume zu verwirklichen.	Übertrefft euch gegenseitig darin, einander Ehre zu erweisen (Römer 12,10).
Strebe nach dem Besten für dich selbst.	Trachtet nach dem Wohl der anderen (1. Korinther 10,24).
Zähle deine «Likes» und Errungenschaften.	Halte andere für wichtiger als dich selbst (Philipper 2,3).
Erhöhe dich selbst, damit du die Nummer eins bist.	Kreuzige dich selbst, damit Christus in dir leben kann (Galater 2,20).

Zum Vergleich

Im Hinblick auf diesen biblischen Auftrag, das eigene Ich an mindestens dritte Stelle zu setzen, denke über diese Zitate aus bekannten christlichen Büchern nach:

«Du wurdest als Heldin deiner eigenen Geschichte geschaffen.»[35]

«Ich bin bereit, der Bösewicht in der Lebensgeschichte eines anderen Menschen zu sein, wenn es bedeutet, dass ich der Held meiner eigenen Geschichte sein kann.»[36]

«Wir brauchen nicht noch mehr selbstlose Frauen. Was wir brauchen, sind noch viel mehr Frauen, die sich der Erwartungen der Welt so gründlich entledigt haben, dass sie bis zum

Rand nur noch mit sich selbst angefüllt sind. Was wir brauchen, sind Frauen, *die sich selbst wichtig nehmen.* Eine Frau, die sich wichtig nimmt, kennt und vertraut sich selbst genug, um zu sagen und zu tun, was getan werden muss. Den Rest lässt sie in Flammen aufgehen.»[37]

«Dabei solltest du ganz oben auf der Liste stehen!»[38]

«Ich werde immer eher die Erwartungen aller anderen in mich links liegenlassen, als dass ich mich selbst links liegenlasse. Ich werde immer eher jeden anderen enttäuschen, als dass ich mich selbst enttäusche. Ich werde immer eher alle anderen im Stich lassen, als dass ich mich selbst im Stich lasse. Ich und mein Selbst: *Bis dass der Tod uns scheide.*»[39]

Was für ein Unterschied. In Glennon Doyles Erfolgsbuch *Untamed* (deutscher Titel: Ungezähmt) erzählt die ehemalige christliche Mami-Bloggerin, die zur Bestsellerautorin und bekannten Rednerin geworden ist, von ihrer Entscheidung, ihren Mann für die Frau zu verlassen, in die sie sich auf den ersten Blick verliebt hat. Sie vergleicht sich mit einem eingesperrten Gepard, den sie in einem Zoo gesehen hat, beschließt, aus ihrem eigenen häuslichen Gefängnis auszubrechen und argumentiert, dass es sie zu einer guten Mutter macht, wenn sie ihren romantischen Bedürfnissen den Vorrang gibt. Das führt sie auf den Schweizer Psychiater Carl Jung zurück, der es auf den Punkt gebracht habe. Sie schreibt:

Seit jeher haben Mütter sich im Namen ihrer Kinder aufgeopfert. Wir haben gelebt, als würde die, die am gründlichsten verschwindet, am meisten lieben. Wir wurden dazu konditioniert, unsere Liebe zu beweisen, indem wir uns selbst langsam, aber sicher auslöschten. Was für eine grausame Bürde wir unseren Kindern damit zumuten – zu wissen, dass sie der Grund sind, weshalb ihre Mütter aufhörten, lebendig zu sein. Was für eine grausame Bürde wir unseren Töchtern damit zumuten – zu wissen, dass auch sie dieses Schicksal ereilen wird, wenn sie sich dazu entschließen, selbst Mutter zu werden. [...] Das meinte Jung, wenn er sinngemäß sagte, die größte Last, die ein Kind zu tragen hätte, sei das ungelebte Leben eines Elternteils. [...] Ich würde mich nie wieder auf ein Leben oder eine Beziehung einlassen, die weniger schön waren als das, was ich meinem Kind wünschen würde. Ich würde mich von Craig scheiden lassen. Weil ich Mutter bin. Und als Mutter habe ich Verantwortung.[40]

Vergleich ihre Geschichte mit der von Elisabeth Elliot, deren Mann bekanntlich vom Volk der Waorani in Ecuador getötet wurde, nachdem er versucht hatte, dem abgelegenen Stamm das Evangelium zu bringen. Diese unglaublich starke Frau ging zu den Leuten zurück, die ihren geliebten Jim getötet hatten, und predigte ihnen das Evangelium, die drei Jahre alte Tochter im Schlepptau. (Weil sie eine Mutter ist. Und weil sie Verantwortung trägt.) Sie lebte unter ihnen und teilte die Liebe Christi mit ihnen (die übrigens nicht die Art von Liebe ist, die versucht, irgendetwas zu beweisen) und verhalf dadurch vielen zum Glauben. Nach zwei Jahren, in denen sie ihr Leben für andere hingegeben hatte, kehrte sie in die Vereinigten Staaten zurück und schrieb letztendlich mehr als zwanzig Bücher, in denen sie die Weisheit der biblischen Wahrheit und ihre Hingabe an Jesus weitergab.

Sie folgte nicht ihrem «inneren Gepard» in die persönliche Zufriedenheit. Sie praktizierte Selbstaufopferung und wahre biblische Hingabe.

Wenn Jesus uns auffordert, unser Kreuz auf uns zu nehmen und zu sterben, gibt er uns im Gegenzug etwas noch Besseres: sich selbst. Das ist etwas, das die Selbsthilfe-Szene nie verstehen wird. All die selbstbezogenen Bücher der Welt können nicht ergründen, dass ein Mensch möglicherweise, selbst in der Begrenztheit einer unglücklichen Ehe, mit einem unerfüllten Traum oder einem Leben, das nicht seinen Erwartungen entspricht, Frieden und Freude finden kann. Sie verstehen nicht, wie die Tatsache, dass Gott und andere an die erste Stelle zu setzen, eine stabile Plattform bietet, auf der sie stehen und allen möglichen Stürmen standhalten können. Deshalb jagt ihr innerer Gepard ständig seinen Schwanz, auf der Suche nach dem nächsten Beziehungshoch, beruflichen Erfolg oder Glücksmoment.

Elisabeth Elliot schöpfte aus einer tieferen Kraft. Wenn sie mit Situationen konfrontiert wurde, in denen sie sich unerfüllt und unglücklich fühlte, weigerte sie sich, ins Nichts zu versinken. Sie wies den Drang zurück, sich über Gottes Wort hinwegzusetzen oder seine Heiligkeit neu zu definieren.

Sie lehnte den Gedanken ab, sie müsse aufhören zu existieren oder ihr persönliches Glück zur obersten Priorität machen. Sie erkannte, dass dies nicht das ist, was Jesus von uns will, wenn er uns auffordert, zu ihm zu kommen und zu sterben. Sie verstand, dass Gott an die erste Stelle zu setzen bedeutet, die Füße fest auf den Grund der Wahrheit zu stellen. Sie ließ sich nicht beirren, wenn der Wind der Langeweile wehte und die Stürme des Zweifels, der Unzufriedenheit und des Leids tobten. Das, liebe Leserin, lieber Leser, ist das Gegenteil von *Verschwinden*.

Wie hat Elliot das geschafft? Sie hat einmal geschrieben: «Das Geheimnis heißt: Christus in mir, nicht ich in veränderten Umständen!»[41]

Mit Christus in dir kannst du alles durchstehen. Du kannst sexuell, emotional und intellektuell unzufrieden sein und trotzdem zu 100 Prozent frei und mit einer tiefen, beständigen Freude erfüllt sein. Das ist wahr! Aber das kannst du nur erreichen, wenn du von Anfang an entscheidest, dich nicht selbst an die erste Stelle zu setzen. Du bist nicht einmal Zweite(r). Du bist Dritte(r). Vielleicht Vierte(r). Du verstehst, was ich sagen will.

Nun, da du die Tiefen deiner Seele erkundet hast, nur um dort eine Sünderin/einen Sünder zu finden, wird die Welt dir sagen, du sollst authentisch sein und wie in einer Nullachtfünfzehn-Realityshow in aller Öffentlichkeit deine schmutzige Wäsche waschen. Ich bin hier, um dir mitzuteilen: Man hat dir großen Blödsinn verkauft. Authentizität ist nicht alles.

6.
Cheerleader

Authentizität ist alles

Sich selbst so zu sehen, wie man wirklich ist, dauert ein
Leben lang, und selbst da kann man sich noch täuschen.
Und das ist etwas, wo ich mich nicht täuschen will.[42]

Cormac McCarthy: Kein Land für alte Männer

Ich wusste genau, wer ich war – mit fünf Jahren. Von der Sekunde an, in der ich die blauen Turnmatten sah, die Kreidewolken von den klatschenden Lederhandschuhen roch und mit der Hand über den glatten Stufenbarren aus Eichenholz glitt, wusste ich: *Ich bin Turnerin.* Ich wusste zweifelsfrei: Das war meine Welt. Das waren meine Leute. Die nächsten Jahre bestimmte Turnen mein Leben. Es wurde meine Identität. Ich fühlte mich am authentischsten, wenn ich auf der Matte herumpurzelte, auf dem Schwebebalken balancierte oder am Stufenbarren schwang. Damals dachte ich fälschlicherweise, dass das, was ich tue, bestimmt, wer ich bin. Mit anderen Worten: Ich verwechselte Authentizität mit Identität.

In einer meiner ersten Stunden beobachtete ich, wie eine andere Turnerin eine Rückenbeuge machte; das ist im Grunde ein Rückwärts-Radschlag. Man hebt die Arme, beugt sich so weit nach hinten, dass die Hände flach auf dem Boden aufliegen, stößt dann die Beine ab, bis sie wieder auf dem Boden aufkommen, und steht auf. Niemand hatte mir gesagt, dass man das lernen muss und dass man das nicht einfach so hinbekommt. Ich stellte mich hin und machte eine Rückenbeuge. Mein Trainer war überrascht und informierte meine Mutter, dass ich eine geborene Turnerin sei.

Nach ein paar Jahren meldeten mich meine Eltern, so unendlich unterstützend, wie sie sind, in einem Turnverein am anderen Ende der Stadt an, aus dem einmal eine Sportlerin hervorgegangen war, die es zur Olympiaqualifikation geschafft hatte. Sie war zwar nicht ins Olympiateam gekommen, aber das war mir egal, weil dieser Verein olympische Ambitionen hatte – wie ich. Wenn du mich, als ich neun Jahre alt war, gefragt hättest, wer ich bin, hätte ich ohne zu zögern geantwortet: «Ich bin eine Turnerin, die eine olympische Goldmedaille gewinnen wird, wie die berühmte US-amerikanische Kunstturnerin Mary Lou Retton.»

Es stellte sich heraus, dass ich nicht so gut war, wie ich dachte, aber das nur nebenbei. Ich nahm mir damals vor, Gott mit meinem Talent zu ehren, deshalb war es mein großer Traum, die Goldmedaille zu gewinnen und dann nach Äthiopien zu gehen, um dort zu evangelisieren und den hungernden Kindern (die ich in den Werbespots im Fernsehen sah) Turnunterricht zu geben. Das war der logische nächste Schritt.

Etwa zur gleichen Zeit ließ mich meine Mutter Klavierunterricht nehmen, was ich abgrundtief hasste. Ich hielt das Klavier für den leibhaftigen Satan und träumte davon, jede einzelne Elfenbeintaste mit einem Schraubenzieher herauszubrechen. Ich fand diese Stunden unerträglich. Ich konnte sie nicht ausstehen. Ich lehnte sie ab. Ich hatte sie satt. Ich verabscheute sie. Ich fand sie widerwärtig. (Anmerkung der Autorin: Ja, ich habe ein Synonymwörterbuch konsultiert, um meine emotionale Einstellung zu besagtem Klavierunterricht korrekt und unmissverständlich auszudrücken).

Ich mochte das Üben überhaupt nicht. Wenn ich nicht in der Schule oder in der Turnhalle war, wollte ich jeden freien Augenblick im Garten verbringen und über den Schwebebalken balancieren, den mein Vater eigenhändig für mich gebaut hatte. Ich wollte auf keinen Fall dreißig Minuten am Tag vor einem Gerät gefangen sein, von dem man nicht einmal weiß, ob es ein Schlag- oder ein Saiteninstrument ist. Ich flehte meine Mutter an, dass ich aufhören dürfe. Jahrelang. Schließlich beendete sie die schreckliche und unverdiente Strafe, eine Fähigkeit lernen zu müssen, die ich als Olympiasiegerin im Turnen und als Missionarin und Philanthropin eindeutig nicht brauchen würde.

Doch dann geschah etwas Unerwartetes. Als erfolgreicher

Klavieraussteiger merkte ich, dass ich nicht mehr spielen *musste*. Eines Tages saß ich am Klavier, berührte die Tasten und spielte die Töne, die mir in den Sinn kamen. Und dann fing ich an zu singen. Ich konnte nicht glauben, was geschah: Aus dem Nichts schrieb ich ein Lied über meine Liebe zu Jesus. Und es gefiel mir. Ich spürte die Gegenwart Gottes.

Erst Jahre später fand ich eine Sprache, um zu beschreiben, was mit mir geschehen war. Der Film *Chariots of Fire* (deutscher Titel: Die Stunde des Siegers) erzählt die Geschichte des schottischen Läufers und gläubigen Christen Eric Liddell, der glaubte, dass Gott ihn berufen hatte, zu Gottes Ehre zu laufen. In einer berühmten Szene sagt er: «Ich glaube, dass Gott mich zu einem bestimmten Zweck geschaffen hat. [...] Aber er hat mich auch schnell gemacht. Und wenn ich renne, spüre ich sein Wohlwollen.»[43]

Ja, so war es auch bei mir. Ich hatte Gottes Freude an diesem Tag gespürt, als ich zu seiner Ehre sang und Klavier spielte. Ich informierte meine Mutter und meinen Vater, dass es mit dem Turnen vorbei war und dass ich berufen war, Musikerin zu werden. Meine Eltern, nach wie vor unendlich unterstützend, kündigten den Turnvertrag schneller, als man «Rückwärtssalto» sagen kann. Ich fand später heraus, dass sie zwei Wochen vor meiner großen Ankündigung gebetet hatten, dass Gott mir zeigen würde, ob Turnen der Wille Gottes für mein Leben war. Ich nahm das als Bestätigung, dass ich auf dem richtigen Weg war.

Mein Vater zeigte mir, wie ich das Aufnahmestudio bedienen konnte, das er sich selbst zu Hause eingerichtet hatte, und ich schrieb Lieder, als ob der Welt die Songs ausgingen. Ich erzählte meinen Freunden, dass ich eines Tages Musikerin werden würde, und glaubte wirklich, ich würde die Welt mit Musik verändern. (Welch mutiger Optimismus!) Ich hatte keinen Plan B.

Als ich in die Highschool kam, begann ich, in meiner Jugend-
gruppe und in anderen kleinen Gemeinden zu spielen. Ich
spielte auch Softball und wurde Cheerleaderin, um das Bedürfnis nach Bewegung zu stillen, das ich seit der Kindheit hatte.
Aber die Musik war das, wofür ich gemacht war. Ich wusste …
Das bin ich. Ich bin eine Singer-Songwriterin.

Abgestempelt

Gegen Ende unserer Karriere wurde unsere Band ZOEgirl
eingeladen, an einer Tournee in Amerika teilzunehmen, die so
etwas war wie die «kleine Schwester» eines unglaublich erfolgreichen internationalen Frauendienstes, der Wochenendver-
anstaltungen mit mehreren Millionen Besuchern organisierte.
Nun hatte diese Organisation all ihre Ressourcen, Talente, ihre
Energie und ihr Wissen in eine Veranstaltung für Mädchen im
Teenageralter gesteckt.

Von namhaften Sponsoren und großen christlichen Unternehmen wurde diese Tour mit Spannung erwartet, gut finanziert
und streng überwacht. Jedes Lied wurde sorgfältig ausgewählt
und die Inszenierung war akribisch choreografiert. Meine Bandkolleginnen und ich wurden in Kenntnis gesetzt, dass jedes
Wort, das auf der Bühne gesprochen wurde, schriftlich festgehalten werden würde. Uns und allen anderen Darstellern
wurde ein bestimmtes Klischee zugewiesen, mit dem sich die
anwesenden Mädchen identifizieren konnten. Eine war «die
Stylische». Eine andere war «die Sportliche». Es gab «die
Ausgefallene», «die Künstlerin» und «die Lustige». Verflixt.
Da stylisch, ausgefallen und künstlerisch schon vergeben waren,
blieb für mich der Rest übrig. Ich sollte von nun an als «die

Cheerleaderin» bekannt sein. Die implizite Botschaft war klar: Das ist es, was du bist. Halte dich an das Drehbuch und weiche nicht von der Figur ab.

Ich fühlte mich unwohl mit dieser Abmachung, aber wenn man sich in einer solchen Situation befindet, tut man alles, was man kann, um sich selbst zur Kooperation zu überreden. *Vielleicht sag ich einfach, was sie von mir hören wollen, denn dadurch wird vielleicht ein junges Mädchen angesprochen und errettet. Vielleicht ist das für mich eine Lektion in Unterordnung.*

Abend für Abend verkündete «die Künstlerin», dass sie in der Highschool eine Künstlerin und Sängerin war. Das wurde immer mit lautem Jubel und Beifall bedacht. Dann war es Zeit für meinen großen Satz: «Und ich war … Cheerleaderin!» Ich fühlte mich wie eine Idiotin. Es war nicht ganz falsch. Ich war in der Highschool tatsächlich Cheerleaderin gewesen. Aber dabei handelte es sich lediglich um einen kurzen Abschnitt in meinem Leben. Es war nicht, *wer ich bin.*

Als wir ZOEgirl auflösten, war ich ausgebrannt und ruhelos. Mit 32 hatte ich meinen Traum nicht verwirklicht, eine Solokünstlerin und Singer-Songwriterin zu sein, die die Welt für Gott verändert. Ich hatte so lange darauf gewartet, dass mein Traum sich erfüllte, aber es war nie geschehen. Ich hatte die, wie ich dachte, besten Jahre meines Lebens damit zugebracht, mit einer Girl-Pop-Gruppe auf Tournee zu gehen – und eigentlich war ich mir dabei nie ganz sicher gewesen, dass ich es überhaupt wollte.

Nun wirkt es vielleicht wie die Quintessenz des gelebten Traums, vor mehr als einer Million Menschen aufzutreten, Hunderttausende von Alben zu verkaufen und sein Gesicht in der Größe eines Brontosaurus auf einer Plakatwand zu sehen. Aber das war nicht *mein* Traum. Das war *nicht ich.* Ich wollte sehen, wie Hunderte, ja sogar Tausende von Menschen zu Jesus kamen durch die tiefen Texte und bewegenden Melodien, die Gott mir aufs Herz gelegt hatte. Stattdessen war ich in diesen Jahren ein emotionales Wrack, und die ganze Erfahrung ist dadurch getrübt.

Nebenbei bemerkt, habe ich diese Gedanken seitdem mit meinem Publikum überall in den USA geteilt, und so mancher ZOEgirl-Fan kam auf mich zu und rührte mich mit seiner Ermutigung zu Tränen. Eine junge Frau erzählte mir: «Ich war einer dieser kleinen ZOEgirl-Fans, die zu euren Konzerten kamen. Ich fühlte mich als Christin an meiner Schule so allein, und ihr drei habt mich inspiriert und ermutigt, an meinen Überzeugungen festzuhalten und weiter zu glauben. Ihr sollt wissen, dass es das alles wert war.» Und es war es wert. Aber das konnte ich damals noch nicht sehen.

Ich hatte mir die Lüge zu eigen gemacht, dass ich durch das bestimmt würde, was ich tat, was ich wollte und was ich liebte. Das muss ich in einer Therapiesitzung erwähnt haben, denn die Therapeutin, die ich gegen Ende der Zeit von ZOEgirl aufsuchte (und welche die Weisheit Salomons und die Geduld Hiobs hatte), sah mich aufmerksam an und fragte: «Was wäre, wenn du Kehlkopfkrebs bekämst und nie wieder singen könntest?»

Ich war verblüfft. Sie hatte mich sprachlos gemacht. Schließlich war ich zum Singen geboren, und wenn ich nicht singen konnte, wer war ich dann? Nach einer langen Pause stotterte ich: «Ich ... ich weiß nicht. Ich weiß es nicht.» In jenem Moment kam es mir vor, als sei die Frage unmöglich zu beantworten: Wenn ich meine Stimme verlieren würde, würde ich aufhören, *ich* zu sein. Mein authentisches Ich würde verloren gehen. Ich habe jahrelang über diese Frage nachgedacht.

Jetzt ist die Antwort so klar. Aber damals war es, als würde man mich fragen, wer ich wäre, wenn ich nicht existieren würde.

Künstliche Authentizität versus biblische Authentizität

Um Authentizität richtig zu verstehen, müssen wir die Begriffe definieren. (Wegen der Wörter.) «Authentisch sein» ist einer dieser Begriffe, welche eine zeitgemäße Überarbeitung bekommen haben. Wenn man das Internet durchsucht, findet man alle möglichen Definitionen. Hier sind drei davon:

«Nach den eigenen Werten und Zielen leben.»[44]

«In seinem Verhalten sein wahres Ich und die eigenen Gefühle zeigen.»[45]

«Echt oder unverfälscht: nicht kopiert oder falsch.»[46]

Alle drei Definitionen unterscheiden sich leicht voneinander. Die erste basiert ausschließlich auf dem Fundament des Selbst. Ich vermute, dass es das ist, was viele Menschen meinen, wenn sie heute von einem authentischen Leben sprechen. Nach dieser Definition stelle *ich* die Regeln auf und lebe nach ihnen, egal, was andere sagen. Es ist eine andere Art zu sagen: «Leb deine Wahrheit». Aber wie wir in Kapitel 3 gelernt haben, funktioniert Leben nach der eigenen Wahrheit nur bedingt. Das ist künstliche Authentizität.

Wie sieht es mit der nächsten Definition aus? «In seinem Verhalten sein wahres Ich und die eigenen Gefühle zeigen.»

Das bringt uns der Wahrheit schon etwas näher. Wir sollten in Bezug auf unsere Gefühle wirklich ehrlich sein und unsere einzigartigen Gaben, Talente und Persönlichkeiten wertschätzen. Wir sind keine Lebkuchenmänner, die alle mit der gleichen Form für genau den gleichen Zweck ausgestochen wurden. Wir sollten nicht in der Gemeinde von unserer erfolgreichen Woche schwärmen, wenn wir am Morgen kaum aus dem Bett gekommen sind.

Und was ist mit der dritten Definition? «Echt oder unverfälscht: nicht kopiert oder falsch.» Das trifft den Nagel auf den Kopf. Diese Definition beinhaltet den Gedanken, dass wir ehrlich zu unseren Gefühlen stehen sollten (unverfälscht), aber sie nimmt ihn aus dem Kontext des *Selbst* heraus und stellt ihn in den Kontext der *Wahrheit*. Das ist das Gegenteil von künstlicher Authentizität, die ein Widerspruch in sich selbst ist. Ein Leben im Einklang mit *der* Wahrheit ist die authentischste Art zu leben, denn dafür wurden wir geschaffen.

Die Bibel hat viel darüber zu sagen, wer wir sind und wie wir in dieser Identität authentisch leben können. Nach Johannes 1,12 hat jeder, der Christus annimmt und an seinen Namen glaubt, das Recht, ein Kind Gottes zu werden. Das ist wunderbar und unglaublich. Unsere Identität ist nicht mehr an uns selbst gebunden, sondern an Gott. Der Apostel Paulus sagt in Galater 2,20, wenn wir Jünger von Jesus werden, ist es so, als wären wir mit Christus gekreuzigt. Das bedeutet, dass wir wirklich unser altes Leben hinter uns lassen und nicht mehr für uns selbst leben. Paulus schreibt sogar: «Darum lebe nicht mehr ich, sondern Christus lebt in mir!» Das bedeutet nicht, dass die einzigartigen Talente, Persönlichkeiten und Gaben, mit denen wir geschaffen wurden, tot sind. Vielmehr töten wir ständig die Sünde, welche die von Gott gegebenen Gaben und Eigenschaften trübt. Das macht uns frei, so zu sein, wie wir wirklich geschaffen sind.

Paulus sagt uns in 2. Korinther 5,17, dass jeder, der in Christus ist, ein neuer Mensch ist. Alles Alte ist vergangen und wir werden buchstäblich neu gemacht. Was für ein Fundament, auf dem wir aufbauen können! Authentizität beginnt mit einem Tod. Genauer gesagt: dem Tod des Selbst und einer Neuausrichtung auf ein Leben für Christus.

Entdecke dein wahres Ich?

Christus hat einen unvorstellbar hohen Preis bezahlt, um uns zu erlösen. Daher ist es kein Wunder, dass wir in Schwierigkeiten geraten, wenn wir unser gefallenes Ich über ihn erheben.

Brené Brown ist eine Forscherin, Rednerin und Autorin, die über die Themen Scham und Verwundbarkeit schreibt. Als Kind in der Episkopalkirche getauft und katholisch erzogen, hatte sie sich als junge Erwachsene von der institutionalisierten Religion abgewandt. Nach etwa zwanzig Jahren kehrten sie und ihr Mann zur Episkopalkirche zurück, weil sie «eine spirituelle Heimat suchten, in der für jeden ein Platz am Tisch ist.»[47] Sie ist sehr beliebt in der Selbsthilfeszene und viele Christen suchen bei ihr nach Weisheit in Fragen der Authentizität. In ihrem Buch *Braving the Wilderness* (deutscher Titel: Entdecke deine innere Stärke) schreibt sie:

> Wahre Zugehörigkeit ist die spirituelle Praxis, an sich selbst zu glauben und so tief mit sich selbst verbunden zu sein, dass man sein authentisches Selbst mit der Welt teilen kann und das Heilige darin findet, sowohl Teil von etwas zu sein als

auch allein in der Wildnis zu stehen. Um wahre Zugehörigkeit zu finden, muss man nicht *ändern*, wie man ist; stattdessen muss man *so sein*, wie man ist.[48]

Jen Hatmaker verwendet dieses Zitat von Brown in ihrem Buch *Fierce, Free, and Full of Fire* (z. Dt. kämpferisch, frei und voll Feuer). In einem Kommentar erwähnt sie ihre «prophetische Art», die ihrem Erfolg als «weibliche Führungskraft in der evangelikalen Subkultur» leider im Weg stehe. Über ihre Unfähigkeit, diesen Teil ihrer Identität zu unterdrücken, schreibt Hatmaker: «Meine ganze Natur ist darauf eingestellt, Ungerechtigkeit zu bemerken, zu beklagen und zu bekämpfen. Das ist nicht, was ich tue. *Das ist, was ich bin*» (Hervorhebung durch Autorin).[49] Ich werde analysieren, was Brown und Hatmaker hier sagen, aber zuerst möchte ich eine Beobachtung loswerden.

Ich kenne ein paar progressive christliche Leiter, die sich selbst als «prophetisch» bezeichnen. Auf einer gewissen Ebene verstehe ich, was sie meinen: Sie glauben, sie würden denen, die an der Macht sind, die Wahrheit sagen. Es muss jedoch festgehalten werden: Wenn deine Bücher von Prominenten gelobt und als das neueste und größte Selbsthilfewunder gepriesen werden und auf der Bestsellerliste der New York Times stehen, dann bist du wahrscheinlich *nicht* prophetisch. Und wenn die große Mehrheit einer gottlosen Kultur begeistert ist von deiner Botschaft, dann bist du wahrscheinlich kein Prophet. Im Lukasevangelium sagt Jesus: «Wehe euch, die ihr jetzt von allen Leuten umschmeichelt werdet, denn so haben es ihre Vorfahren auch schon mit den falschen Propheten gemacht» (6,26).

Wahre Propheten wurden im Laufe der Geschichte eigentlich immer bekämpft, oft sogar getötet. Einflussreiche Menschen dagegen, die die Sünde «heiligen», wurden verehrt. Wahre Propheten sind immer gegen die Sünde aufgetreten und haben die Menschen zur Umkehr aufgerufen, was oft dazu führte, dass sie verfolgt oder getötet wurden. Es waren die falschen Propheten, die umherzogen und den Menschen falschen Frieden und die Gewissheit predigten, dass Gott sie *nicht wirklich* richten würde (Jeremia 6,13–14).

Betrachten wir nun die Aussage von Brown genauer. Sie meint, dass man sein authentisches Selbst mit der Welt teilen kann, indem man «an sich selbst glaubt und mit sich selbst verbunden ist». Welche Lebensgrundlage empfiehlt sie ihren Lesern? Erinnerst du dich an die Einleitung, in der wir darüber sprachen, dass man sein Haus auf Felsen und nicht auf Sand bauen soll? Um Authentizität richtig zu verstehen, müssen wir auf ein solides Fundament bauen.

Wenn wir das Selbst als unser Fundament betrachten, wie Brown es zu befürworten scheint, bauen wir auf eine veränderliche Oberfläche, die anfällig ist für jede positive Affirmation, die unserem «authentischen Ich» momentan richtig erscheint. Man kann in den sozialen Medien in Amerika kaum etwas Brisanteres äußern als: «Mein Selbst ist kaputt.» Ich weiß. Ich habe es verstanden. Wir sollen das nicht sagen. Wir sollen sagen, dass wir schön, unschuldig, heil und genug und perfekt sind, ganz allein durch unser liebenswertes Ich. Niemand wird ein Netflix-Special an Land ziehen mit der Botschaft «Ich bin ein gebrochener Mensch».

Aber funktioniert Browns Ratschlag? Man könnte meinen, wenn wir nur unsere inneren Götter und Göttinnen anzapfen würden, wären die sozialen Medien ein viel freundlicherer Ort, oder nicht?

Dies bringt uns zu Hatmakers Zitat zurück: «Meine ganze Natur ist darauf eingestellt, Ungerechtigkeit zu bemerken, zu beklagen und zu bekämpfen. Das ist nicht, was ich tue. *Das ist, was ich bin.*» Ungerechtigkeit zu bemerken, zu beklagen und zu bekämpfen ist etwas Gutes, oder? Auf jeden Fall.

Es sei denn, wir haben uns von der biblischen Definition von Gerechtigkeit getrennt und angefangen, auf unsere eigene Gerechtigkeit zu bauen. Gott verurteilt jede Art von Ungerechtigkeit. Sie widerspricht seinem Wesen und Charakter. Gott ist gerecht. Da dies eine seiner Eigenschaften ist, sollten wir uns lieber nach seiner Definition richten.

Gottes Gerechtigkeit ist dasselbe wie seine Rechtschaffenheit. Obwohl *Rechtschaffenheit* und *Gerechtigkeit* im Englischen (und auch im Deutschen) zwei verschiedene Wörter sind, kommen sie im Hebräischen und Griechischen aus derselben Wortgruppe.[50] Mit anderen Worten: Sie beschreiben die gleiche Eigenschaft Gottes.

Die biblische Gerechtigkeit basiert auf Gottes Wesen und Charakter und nicht auf unserem eigenen inneren Empfinden von Richtig und Falsch. Ob die Gerechtigkeit, die wir in unserer Welt anstreben, biblisch ist oder nicht, entscheidet sich deshalb letztlich daran, wie wir Recht und Unrecht definieren.

Die aktuelle gesellschaftliche Definition von Gerechtigkeit spiegelt wider, was die Welt (oder das eigene Herz) für gut, moralisch und wahr hält. Biblische Gerechtigkeit spiegelt wider, was in den Augen Gottes gut, moralisch und wahr ist. Das sind zwei sehr unterschiedliche Dinge, und sie sind oft gegensätzlich! Wenn wir Gerechtigkeit so definieren, wie unsere Gesellschaft sie heute definiert, können wir Gottes Definition von Gerechtigkeit verletzen, indem wir das verteidigen, was er böse nennt, oder das verurteilen, was er gut nennt. Siehst du, wie eine unbiblische Definition von Gerechtigkeit in Ungerechtigkeit umschlagen kann? Verstehst du, dass es ein gefährliches Spiel sein kann, wenn du deine Identität auf deine eigenen Instinkte gründest?

In der Einleitung zu *Fierce, Free, and Full of Fire* schreibt Hatmaker, dass sie endlich weiß, wer sie ist, und dass sie das dazu befähigt, ihren Leserinnen und Lesern zu helfen, herauszufinden, wer sie sind. Sie freut sich, dass ihr Äußeres endlich mit ihrem Inneren übereinstimmt, «ohne zu posieren, etwas vorzutäuschen oder sich zu verstellen».[51] Damit ist ein Thema gesetzt, das sich wie ein roter Faden durch das Buch zieht: Man kann entweder ehrlich zu seinen Wünschen, Neigungen und zu seinem wahren Ich stehen oder man ist ein Schwindler, Schwächling oder passiver Beobachter des eigenen Lebens.

Das ist eine falsche Gegenüberstellung, aber ich kann verstehen, warum sie so beliebt ist. Niemand will ein Poser oder ein Verlierer sein. Wollen wir nicht alle, dass unser Äußeres mit unserem Inneren übereinstimmt?

Das kleine Problem an dieser Denkweise ist jedoch, dass unser «Inneres» nicht immer recht hat, wenn es um Dinge wie Moral, Sexualität oder die Definition von Begriffen wie Liebe und Gerechtigkeit geht. Als Christen müssen wir unser inneres Leben der Autorität der Bibel unterwerfen, und das erfordert manchmal, dass wir unsere Begierden verleugnen, für unsere sündigen Neigungen Buße tun und unsere Vorstellungen mit der von Gott offenbarten Wahrheit in Einklang bringen. Wenn wir das nicht tun, kann es passieren, dass wir gegen Gott kämpfen und versuchen, unsere Identität auf ein brüchiges Fundament zu bauen.

Authentische Selbstliebe

Hier ist die gute Nachricht: Wenn wir Christus zur Grundlage von allem machen, wird das Selbst seinen rechtmäßigen Platz finden – was uns wiederum frei macht, echte Authentizität zu leben. Nehmen wir zum Beispiel das Konzept der Selbstliebe. Mit unserem Selbst als Grundlage kann sich unsere «Selbstliebe» schnell in Selbstverachtung verwandeln.

Ich kann mich nicht selbst lieben, wenn ich mir selbst etwas darüber vormache, wer ich wirklich bin. Wenn ich leugne, dass mit der Menschheit (und damit mit mir selbst) etwas nicht stimmt, wird meine Selbstliebe das Gegenteil von authentisch sein: eine künstliche Authentizität.

Vielleicht erkenne ich ja sogar meine Sünde, aber ohne ein christuszentriertes Verständnis von Buße ist Reinwerden, Vergebung und Freiwerden von Schuld und Scham nicht möglich.

Ich habe nur folgende Optionen: Erstens: Ich gebe mir eine Freikarte (womit ich die Schuld nicht angehe); zweitens: Ich nehme meine Sünde als Teil meiner Identität an (womit ich alles nur schlimmer mache) oder drittens: Ich übernehme Verantwortung, entschuldige mich und versuche, es besser zu machen. Letzteres ist ein Anfang, aber mit dem Selbst als Grundlage reicht es nur bis zu einem gewissen Punkt. Klar, es mag die Dinge glätten, wenn du einen Freund angeschnauzt oder für ein paar Wochen die Lieblingsjeans deiner Schwester «geliehen» hast. Das macht nichts, das ist kein Vergehen.

Aber was ist, wenn jemand einem anderen Menschen ungeheures Leid zufügt? Wenn er eine andere Person in einem Park überfällt, ihre Brieftasche stiehlt, sie schlägt und zum Sterben zurücklässt, reicht es nicht, dass der Täter sich entschuldigt und Besserung gelobt. Er kann alle Verantwortung der Welt übernehmen und ein vorbildlicher Bürger werden. Er wird trotzdem ins Gefängnis kommen. Der einzige Weg, wirklich frei von Sünde zu sein – die das Bild Gottes in jedem von uns verzerrt –, ist es, Buße zu tun und auf Jesus zu vertrauen. Wenn wir nicht die reinigende Kraft von Jesus' Tod am Kreuz erkennen und annehmen, bleibt uns nur Unsicherheit und Selbstverachtung.

Das heißt aber nicht, dass wir unsere einzigartigen, Gott gegebenen Gaben und Talente *nicht* erkennen, uns daran freuen und darin wachsen sollen. Es bedeutet, dass wir diese Eigenschaften auf Gottes Heiligkeit ausrichten sollen. Wenn Heiligkeit das Ziel ist, werden unsere Stärken verfeinert und intensiviert. Wenn jedoch Authentizität das Hauptziel ist, können unsere Stärken schnell zu Schwächen werden.

In ihrem Buch *Eight Great Smarts: Discover and Nurture Your Child's Intelligences* (z. Dt.: Acht große Begabungen: Entdecken und fördern Sie die Begabungen Ihres Kindes) hat Kathy Koch treffend festgestellt: «Zwischen unseren Stärken und Sünden verläuft nur ein schmaler Grat.»[52] Sie verwendet folgendes Beispiel: Wenn jemand gut mit Worten und Menschen umgehen kann, kann er diese Stärken nutzen, um andere zu motivieren, die nach Heiligkeit streben. Aber er kann diese Stärken auch nutzen, um andere zu *manipulieren*, die nur nach Authentizität streben.

An dieser Stelle wird biblische Authentizität so wichtig. Wir leben in einer Kultur, in der die Menschen ihre eigene Wahrheit bestimmen und dann «authentisch» ihre selbst gestaltete Identität ausleben. Aber unsere wahre, authentische Identität wird von Gott bestimmt, nicht von uns selbst. Wie wir uns unsere authentische Identität vorstellen, muss in der Heiligen Schrift begründet sein, sonst laufen wir Gefahr, aus echter Stärke heraus zu sündigen und den Kern dessen zu verfehlen, wofür wir geschaffen wurden.

Authentizität ist nicht alles

Die Lüge, die wir in diesem Kapitel besprechen ist, dass Authentizität alles sei. Authentizität ist nicht unwichtig. Sie ist nicht falsch, wenn sie richtig definiert wird, aber sie ist nicht *alles*. Möchtest du wissen, was alles ist? Gottes Heiligkeit. Darum geht es.

Das Wort *Heiligkeit* hat mit Abgrenzung zu tun. Es bedeutet, dass Gott keine Einheit mit der Sünde haben kann und völlig getrennt von ihr ist. In der Bibel bedeutet die Wurzel der hebräischen und griechischen Wörter, die im Englischen mit *holiness* übersetzt werden, «abschneiden oder trennen».[53] Aber Heiligkeit bedeutet nicht nur, dass Gott von der Sünde getrennt ist; es geht auch um seine absolute Vollkommenheit. Der Theologe Louis Berkhof drückte es folgendermaßen aus: «Die Idee der ethischen Heiligkeit ist nicht nur negativ (Trennung von der Sünde); sie hat auch eine positive Bedeutung, nämlich die der moralischen Vortrefflichkeit oder ethischen Vollkommenheit.»[54]

Zum Christsein gehört ein Prozess, der sich Heiligung nennt. *Heiligen* bedeutet, abgesondert zu werden.[55] Im Wesentlichen ist Heiligung ein Prozess, der mit der Bekehrung beginnt und erst im Himmel seine Vollendung findet. Es ist ein Prozess, bei dem wir jeden Tag Christus ähnlicher werden und nach der Heiligkeit Gottes in unserem Leben streben. Mit anderen Worten: Wir werden in sein Bild verwandelt (2. Korinther 3,18), Gott also ähnlicher, indem wir unseren Sinn (u. a. unser

Denken) erneuern (Römer 12,2). In 1. Johannes 1,7 heißt es: «Leben wir aber im Licht, so wie Gott im Licht ist, dann haben wir Gemeinschaft miteinander. Und das Blut, das sein Sohn Jesus Christus für uns vergossen hat, befreit uns von aller Schuld.»

Der Theologe Charles Ryrie beschreibt die Heiligung als die perfekte Lösung für das Dilemma zwischen Sünde und Vollkommenheit. Als Christen können wir keine sündlose Vollkommenheit erlangen, aber wir haben auch keinen Freifahrtschein erhalten, um nach Herzenslust zu sündigen. Vielmehr sollen wir im Licht wandeln. Ryrie erklärt es so:

Wenn wir auf das zunehmende Licht reagieren, werden wir mehr Licht bekommen und so weiter. Aber in jeder Phase ist die Anforderung an uns die gleiche: Wandle im Licht. Zusammengefasst: Der Maßstab ist die Heiligkeit Gottes. Die Anforderung ist, im Licht zu wandeln. Unsere Erfahrung sollte immer eine Erfahrung des Wachsens sein, die zur Reife führt. Das ist wahrer biblischer Perfektionismus.[56]

Der anglikanische Gelehrte Stephen Neill beschrieb das Wandeln im Licht als «absolute Aufrichtigkeit [...], nichts zu verbergen zu haben und keinen Versuch zu unternehmen, etwas zu verbergen».[57] Ins Licht zu treten bedeutet, dass wir völlig offen und ehrlich vor Gott sind und die dunklen Seiten unseres Herzens, unsere Begierden, Gedanken und unser Inneres vor dem hellen Licht seiner überführenden Macht offenlegen. Dann reagieren wir mit Demut, Bekenntnis, Reue und Dankbarkeit, während er uns weiter erleuchtet, überführt und zur Heiligkeit anspornt.

Das ist Heiligung. Die biblische Authentizität zu leben bedeutet, die Schönheit der einzigartigen Gaben, Talente und

Persönlichkeiten, die Gott jedem von uns gegeben hat, zu feiern. Aber es bedeutet auch, anzuerkennen, dass die Sünde diese Eigenschaften negativ beeinflusst und dass sich unsere besonderen Stärken ohne das reinigende Blut Christi regelrecht in Waffen verwandeln können. Biblisch authentisch zu sein, bedeutet nicht, dass wir unsere Sünde mit einem Augenzwinkern betrachten, unsere Sünde feiern oder aufgrund unserer Sünde aufgeben. Es bedeutet, dass wir jeden dunklen Winkel und jede Ritze unseres Herzens dem Licht aussetzen und im Licht leben. Wir stellen uns unseren Sünden, tun Buße und versuchen, uns mehr dem Bild Christi anzugleichen, und das Tag für Tag.

Gib deine Träume auf

Ich habe zwei Träume in meinem Leben aufgegeben: Turnerin und Singer-Songwriterin zu werden. Beide Berufe hatten mit dem zu tun, was ich als meine Identität festgelegt hatte. Aber ich lag falsch. Meine Identität ist nicht, was ich tue, was ich fühle, wen ich liebe, zu wem ich mich hingezogen fühle oder was mich meiner Meinung nach befriedigen wird. Meine Identität ist das, was ich laut Bibel bin … wer ich in Christus bin. Und sein Geist bezeugt meinem Geist, *dass ich ein Kind Gottes bin* (Römer 8,16).

Dieses Wissen ist so befreiend, weil es bedeutet, dass ich zu ihm gehöre und er zu mir, egal, was mit meinem Körper oder meiner metaphysischen Vorstellungskraft geschieht. Es bedeutet: Egal, wo ich mich geografisch befinde, egal, was ich fühle, egal, was ich intellektuell erfasst habe, egal, was meine körperlichen Grenzen sind, ich kann mit Gott sprechen und ihn in der

Situation, in der ich mich befinde, verherrlichen. Welche Freiheit!

Gott hatte einen Traum für mich, den ich mir nie hätte träumen lassen. Die meiste Zeit meines Lebens dachte ich, ich sei Singer-Songwriterin. Ich glaubte fest daran, ich würde den Sinn meines Lebens verfehlen, wenn ich nicht für Jesus singen würde. Aber in seiner unergründlichen und unermesslichen Barmherzigkeit hat Gott mir diesen Traum genommen.

Ich danke Jesus, dass er einen besseren Traum hatte. Er führte mich in einen Kurs, der meinen Glauben erschütterte und mich dazu brachte, so nachzuforschen wie nie zuvor. (Über diese Reise berichte ich in meinem Buch *Ankern* genauer.) Er öffnete mir Türen, um anderen mit ihren Fragen und Zweifeln zu helfen. Er leitete mich, einen Blog anzufangen, aus dem sich ein Podcast entwickelte, aus dem ein Buch wurde, aus dem ein YouTube-Kanal hervorging, aus dem noch ein Buch entstand.

Ich habe das alles nicht kommen sehen. Ich hätte nie gedacht, dass ich mich in meiner Identität als Kind Gottes erfüllter und zufriedener fühlen würde, als ich es jemals als Musikerin hätte können. Denn meine Identität ist nicht das, was ich tue. Sie ist das, was ich bin. Ich bin ein Kind Gottes, ob ich nun singe oder schreibe oder ob eine Krankheit mich zum Schweigen bringt. Heute schreibe ich. Vielleicht werde ich morgen Füße waschen, Toiletten putzen oder einen Food-Blog starten. Nur Gott weiß es. Er ist vertrauenswürdig. Meine Identität ist in ihm verankert. Wahre biblische Authentizität ist die Verherrlichung Christi mit allen Gaben und Talenten, die er mir gegeben hat. Wie meine Freundin Teasi sagt, ist dies meine Berufung, egal ob ich mich in einem Palast oder in einem Gefängnis befinde.[58]

Es ist keine Überraschung, dass die Welt uns sagt, wir sollen in uns gehen, um unser authentisches Selbst zu entdecken;

schließlich geht sie davon aus, dass dieses Leben alles ist, wofür wir existieren. Zu wissen, wer wir in Christus sind, und in biblischer Authentizität zu leben, ist ein Geschenk, das nur dann in den Fokus gerückt wird, wenn wir dieses Leben aus Sicht der Ewigkeit betrachten. Unser Dasein hier auf Erden ist zeitlich begrenzt. Im Hinblick auf die Ewigkeit ist es eine Momentaufnahme.

Aber sollten wir unser Leben, wenn es doch so schnell verfliegt, in diesem Sinne nicht lieber jetzt auskosten? Immerhin haben wir doch nur ein Leben, oder? So in etwa jedenfalls ...

7.

New York

Du lebst nur einmal

Es gibt mehr Ding' im Himmel und auf Erden,
Als Eure Schulweisheit sich träumt, Horatio.[59]

William Shakespeare: Hamlet, 1. Akt, 5. Szene

Oh, New York – die Stadt, die niemals schläft. Ich liebe diese Stadt seit 1989, als ich mit 14 Jahren zum ersten Mal am JFK-Airport aus dem Flugzeug stieg. Es war Sommer, bewölkt und verglichen mit den sonst üblichen Wetterverhältnissen eher trist. Doch die düstere Atmosphäre verstärkte nur das Feuerwerk von Eindrücken, die hier alle meine Sinne ansprachen.

Zuerst bemerkte ich die dicke, feuchte Luft, in der jeder unbekannte Geruch zusammenzukommen schien, den es in der Welt gab. Diese Luft wirkte wie ein seltsam befriedigendes Angebot an Möglichkeiten. Es roch nach Hoffnung. Und Dreck. Und Körpergeruch. Und Parfum und Schweiß und etwas, das mir bisher nicht gelungen ist in Worte zu fassen. Ein Aroma, das nur in New York zu finden ist, und welches ich noch nirgendwo anders gerochen habe. Vielleicht ist es der Geruch von Erde und Mineralien, der sich auch von jahrzehntelanger Bebauung, Autos und Menschen nicht verdrängen lässt.

In New York konkurrieren Smog, Benzin und rostiger Stahl mit dem Duft nach heißen Teigpasteten, frisch gebackenem Brot und kandierten Nüssen um die olfaktorische Vorherrschaft. Wenn Ironie ein Geruch wäre, dann wäre es dieser; das Beste und das Schlimmste des menschlichen Fortschritts in einem Atemzug.

Das Salz des Atlantischen Ozeans lag in der Luft. Ich konnte es auf der Zunge schmecken. Das Geländer auf dem Weg zum Parkplatz war durch das schwüle Wetter leicht feucht, und ich konnte das nasse Metall durch die blasige und abblätternde gelbe Farbe riechen. Hupen, dröhnende Gettoblaster und das ständige Geschwätz von zu vielen Menschen für einen so kleinen Ort prägen meine Erinnerungen.

Bob Dylan beschrieb seine erste Reise nach New York City folgendermaßen: «Draußen wehte der Wind, vereinzelte Wolken schwebten dahin, Schnee wirbelte in den beleuchteten Straßen (rote Laternen), Großstadttypen schlurften herum, warm eingepackte Verkäufer mit Kaninchenfell-Ohrenschützern, die mit Kleinkram hausieren gingen, Kastanienverkäufer, aus Gully-Löchern aufsteigender Dampf.»[60] Er erlebte den Big Apple im Winter, Jahrzehnte, bevor ich dort war, aber selbst in der Hitze des Sommers war die Seele dieses Ortes noch die gleiche.

Ich liebte die Vielfalt. Menschen aus der ganzen Welt, aus allen Hintergründen, allen Nationen und mit verschiedensten Muttersprachen, nennen New York ihr Zuhause. Menschen aus allen möglichen Bereichen, Religionen und Philosophien leben dicht an dicht, über- und untereinander in Gebäuden, die nur noch in die Höhe wachsen können. Manche Städte wachsen nach Norden oder Süden, New York wächst in den Himmel.

Ich liebte die nüchterne und direkte Ehrlichkeit der New Yorker, die keinerlei Toleranz für Smalltalk oder bedeutungslose Höflichkeiten hatten – frei nach dem Motto «Niemand hat Zeit für so was». Manche Leute sagen, New Yorker seien unhöflich. Selbst als relativ naive und wohlerzogene Jugendliche fand ich sie herrlich direkt.

Nicht einmal sieben Jahre später stieg ich, inzwischen 21 Jahre alt, wieder am JFK-Flughafen aus dem Flugzeug. Diesmal kam ich nicht zu Besuch, sondern um zwei lebensverändernde Jahre dort zu verbringen. Man hatte mich eingeladen, einer kleinen Gemeinde auf der Lower East Side zu helfen, die ein Jugendzentrum für die ansässigen Kinder und Jugendlichen eröffnete. Wir boten ein Nachmittagsprogramm für junge Leute an, die zumeist von arbeitenden, alleinerziehenden Müttern großgezogen wurden.

Es war eine Freude, diese Kinder, die übrigens zu den klügsten und kreativsten Menschen gehörten, die ich je kennengelernt habe, zu betreuen und sie lieb zu haben. Wenn jemand nicht die Mittel hat, jedes neue Spielzeug, das auf den Markt kommt, zu kaufen, ist er gezwungen, eigene Beschäftigungen zu erfinden. Ich erinnere mich an ein Spiel, bei dem die Kinder Flaschendeckel mit Kaugummi beschwerten und die Deckel hin und her schnippten, um ihre Gegner aus einem mit Steinen markierten Ring zu werfen.

Ich liebte diese Kinder. Aber mit der Leitung des Lobpreises ein paar Mal pro Woche, einem weiteren Teilzeitjob, den täglichen Anforderungen des Jugendzentrums und der Mithilfe bei anderen kirchlichen Aktivitäten und Einsätzen war ich sehr schnell ausgebrannt.

Bis heute träume ich ab und zu in meinen Tiefschlafphasen von New York. Der Traum ist immer der gleiche: Ich laufe eine Straße entlang. Ich bin mir nicht sicher, welche, aber im Traum kommt sie mir bekannt vor. Ich kann sie schmecken, fühlen, riechen, sehen und hören. Aber ich kann mich nicht an ihren Namen erinnern. Houston? Bleecker? Broadway? Second Avenue? Ach du meine Güte … welche ist es bloß?

Ich bekomme es nie raus. Ich fang an, die Straße entlangzulaufen, deren Name mir nicht einfällt, und suche ein Haus, das ich nicht finden kann. Es ist eine kleine Wohnung irgendwo südlich von Soho, aber wo? Ich bin mir nicht sicher. Ich kann mich nicht erinnern. Wenn ich an sie denke, sehe ich die wunderschönen, gelb-orangenen Farbtöne und es fühlt sich an wie Zuhause und Familie, Wärme und Essen, Sicherheit, Musik, Liebe und Geborgenheit. Aber nie finde ich diese Wohnung.

Warum erinnere ich mich nicht, wo sie ist? Tatsächlich gehe ich die Straße immer so lange weiter, bis ich aufgebe oder aufwache. Das Haus entzieht sich mir jedes Mal. Nie finde ich es. Manchmal bin ich nah dran. Einmal sah ich die Eingangstür, ein unbehandeltes, bernsteinfarbenes Rechteck am oberen Ende einer Eisentreppe, die von einem Café an der Ecke heraufführte. Aber ich komme nie richtig dort an.

Immer wenn ich kurz davor bin, verlangsamt sich die Zeit, meine Arme und Beine werden schwer und es wird mir nahezu unmöglich, mich zu bewegen. Ich versuche, einen Fuß vor den anderen zu setzen, aber es ist, als steckte ich in feuchtem Zement fest.

Irgendwie weiß ich im Traum: Wenn ich je dorthin kommen sollte, werde ich zu Hause sein. Da wird es keine Tränen, keine Sorgen oder Schmerzen mehr geben. Da leben die, die nicht kaputt sind.

#YOLO

Hab mehr Spaß. Tu, was dich glücklich macht. Trage Crocs zum Abschlussball. Erstehe Kekse für einen guten Zweck. Gib zu viel Geld für Tacos aus. Gönn dir noch ein großes Eis. Trink noch einen Cocktail. Kauf überteuerte Turnschuhe. Drück aufs Gas in deinem neuen Sportwagen. Besteig den Berg. Mach einen Bogen um den großen Wäscheberg. Bezahle für die Teilnahme am Marathonlauf. Bezahle dafür, nicht am Marathon teilzunehmen.

Eine Schnellsuche des Hashtags #YOLO (You only live once – Man lebt nur einmal) auf Social Media liefert viele solcher Aussagen. Manche sind witzig. Manche ernst. Manche sind gut und heilsam, während andere nicht hilfreich, sündhaft und schädlich sind. Aber was haben diese Aussagen gemeinsam? Ein Motiv. Der *Grund* hinter dem *Warum* und dem *Was* ist der gleiche. Die Grundüberlegung hinter der Idee, dass man nur einmal lebt, ist folgende: Unsere Entscheidungen haben keine Konsequenzen für die Ewigkeit. Wenn wir sterben, war's das. Das Licht geht aus. Also können wir genauso gut unser Sparguthaben aufbrauchen und den Luxusurlaub buchen, von dem wir schon immer geträumt haben. Warum nicht?!

Dieser Gedanke sprang mich eines Abends an, als während meiner Lieblingssendung zur Hauptsendezeit ein Werbespot eingeblendet wurde. Er begann mit einem verwirrend fröhlichen Lied zu einem Trauerzug, bei dem ein traurig aussehender junger Mann durch den Schnee stapfte, während ein anderer Mann auf seine Uhr schaute. (Weil Beerdigungen so langweilig sind?)

Dann wechselte die Ansicht zu einem Auto, das sich vom Grab entfernte, in dem der junge Mann mit der Uhr saß und zu einem trendigen, exklusiven Klub mit Live-Musik, Schnaps und schönen Frauen fuhr. Ein Lied schallte über das Tanzen, Trinken, Lachen und Flirten hinweg und forderte die Feiernden auf, sich zu amüsieren: «Es ist später, als du denkst.» Dann blinkte der Slogan «Du hast nur ein Leben» auf dem Bildschirm auf, während das Produkt, ein Single-Malt-Whiskey, in den Fokus rückte. Die klare Botschaft des Spots war, dass nichts einen so deutlich an die eigene Sterblichkeit erinnert wie eine Beerdigung, und irgendwann wird jeder von uns in einem Sarg liegen. Eines Tages wirst du unter der Erde liegen, also genieße das Leben. Denn: #YOLO.

Vampir Novokain

Wie wir bereits gesehen haben, verkauft sich alles wie warme Semmeln, was Selbstständigkeit und Autonomie betont, weil es vordergründig so positiv klingt. Aber wenn man wirklich darüber nachdenkt, ist es so ähnlich wie mit der Superkraft von Alec, dem Vampir in Stephenie Meyers sehr erfolgreicher Buchreihe, der Twilight-Saga.

Ich gestehe: Ich habe *Twilight* gelesen, als es veröffentlicht wurde, und habe mir eingeredet, es diene «Forschungszwecken» – du weißt schon, um herauszufinden, worauf die Kids heutzutage so stehen. In Wirklichkeit war ich völlig gefesselt von der ungewöhnlichen Geschichte und der Mythologie des Cullen-Universums. Ganz zu schweigen von der Tatsache, dass die Geschichte auf einer Dreiecksbeziehung zwischen einem grüblerischen 104 Jahre alten Vampir, einer ungeschickten und launischen 17–Jährigen ohne erkennbare Talente oder Lebensziele und einem liebenswürdigen, gutmütigen, aber ungehobelten jungen Werwolf beruht. Es war *Die Schöne und das Biest* in Reinkultur.

In der Welt von Twilight besitzt jeder Vampir eine spezielle Fähigkeit: Edward kann Gedanken lesen, Jasper kann die Stimmung der Menschen kontrollieren, Alice kann in die Zukunft sehen und Jane kann andere mit starken körperlichen Schmerzen kampfunfähig machen. Und dann ist da noch Alec. Alec kann einen Nebel manifestieren, der sich an Personen heranschleicht und langsam ihre Sinne ausschaltet, sie sogar lähmt. Seine besondere Gabe kann genutzt werden, um Feinde zu töten, ohne dass sie überhaupt merken, was passiert.

Am Ende der Twilight-Saga kommt es zu einer Konfrontation zwischen der Familie Cullen und den Volturi, einer Art Vampirkönigtum. Alec, ein Volturi, setzt den Nebel ein, um die Cullens machtlos und leichter kontrollierbar zu machen. – Aber nicht so voreilig! Denn da kommt Bella Cullen ins Spiel, deren Superkraft es ist, einen mentalen Schutzschild um andere herum zu errichten, der den Einfluss von bestimmten Kräften abwehrt. Sie umhüllt ihre Familie mit einer Schutzblase, und als der Nebel sie erreicht, bemerkt sie: «Ich konnte ihn schmecken, sobald er meinen Schild berührte – er hatte einen dichten, süßlichen Geschmack. Es erinnerte mich ein wenig an das Taubheitsgefühl, das Novokain auf der Zunge hinterlässt.»[61]

Es ist nicht schwer, die Parallelen zu erkennen: Vergleichbar mit dem Betäubungsmittel Novokain im obigen Beispiel sagt uns ein bezaubernder Nebel: «Du hast nur ein Leben». Er betäubt unsere Gedanken hinsichtlich eines ewigen Ziels. Wie der Nebel von Alec hat er eine subtile und schwere Süße. Er ist berauschend. Wenn wir unsere Sinne von der unmittelbaren Realität von Himmel, Hölle und Jüngstem Gericht lösen können, sind wir frei, jetzt und hier unser bestes Leben zu leben. Wir können alle Arten von Spaß und Leichtsinn, Spielereien, Vergnügen und Käufen rechtfertigen, weil, du weißt schon: #YOLO.

Nicht von dieser Welt

Als Christen sollen wir nicht so denken. Jesus will, dass unsere Herzen auf den Himmel gerichtet sind und nicht auf die Erde. In Matthäus 6,19–21 lehrt Jesus, dass der einzige Ort, an dem wir Schätze für uns selbst sammeln sollen, der Himmel ist. Alles, was wir für diese Welt erschaffen, kann gestohlen, zerbrochen oder zerstört werden. Er betont: «Wo nämlich euer Schatz ist, da wird auch euer Herz sein.» In Johannes 17,14, als Jesus für seine Jünger betet, hält er fest, dass die Welt sie hasst, weil sie «nicht von der Welt» sind, so wie auch er nicht von der Welt ist. In Johannes 15,18–19 erklärt Jesus seinen Jüngern beim Letzten Abendmahl, dass die Menschen uns lieben werden, wenn wir uns mit denen identifizieren, die sich ihm entgegenstellen (also der Welt), sie uns aber hassen werden, wenn wir Jesus Christus folgen. Jesus hat in Johannes 18,36 die Ewigkeit im Blick, als er erklärt: «Mein Königreich gehört nicht zu dieser Welt.» Er warnt: «Was hat ein Mensch denn davon, wenn ihm die ganze Welt zufällt, er selbst dabei aber seine Seele verliert?» und führt weiter aus, dass er wiederkommen wird, um «jedem das [zu] geben, was er für seine Taten verdient» (Matthäus 16,26–27).

In Philipper 3,12–21 baut der Apostel Paulus auf diesem Gedanken auf. Er legt den Christen die Vorstellung ans Herz, dass sie mit aller Kraft auf das Ziel zulaufen, um den Siegespreis zu gewinnen (Vers 14). Er erinnert daran, dass unsere primäre Staatsangehörigkeit nicht an ein Land oder eine Stadt auf Erden gebunden ist: «Wir aber sind Bürger im Himmel; woher wir auch erwarten den Heiland, den Herrn Jesus Christus, der unsern geringen Leib verwandeln wird, dass er gleich werde seinem verherrlichten Leibe nach der Kraft, mit der er sich alle Dinge untertan machen kann» (Verse 20–21; LUT).

Es kann holprig werden, wenn wir uns in diese Richtung umorientieren, besonders, wenn wir es nicht gewohnt sind, uns als «Fremdlinge» auf Erden zu bezeichnen, wie der Apostel Petrus Christen nennt. In 1. Petrus 2,9–12 schreibt er, dass wir auserwählt und Gottes Eigentum sind. Das bedeutet nicht, dass Gott möchte, dass es uns schlecht geht, oder dass wir uns nichts Gutes gönnen sollen, solange wir auf Erden sind. Sondern Petrus erklärt, dass wir uns als Fremdlinge sehen, damit wir «die großen Taten Gottes verkünden, der [uns] aus der Finsternis befreit und in sein wunderbares Licht geführt hat» (Vers 9). Mit anderen Worten: Wir haben große Neuigkeiten über eine viel bessere Welt zu erzählen, in die Gott uns einlädt. Vor diesem Hintergrund drängt Petrus uns Christus-Nachfolger, uns von sündigen Leidenschaften, die mit unserer Seele auf Kriegsfuß stehen, fernzuhalten.

Heißt das, dass wir unser Leben nicht genießen sollten und uns niemals gutes Essen, Spaß und Feiern gönnen sollten? Sicherlich nicht! Wir reden nicht davon, unsere Zeit auf der Erde abzusitzen, bis wir in den Himmel fliehen können. Es bedeutet, dass unsere Augen auf unsere ewige Heimat, das Reich Gottes, gerichtet sein sollen.

David beschreibt dieses Reich etwa tausend Jahre vor Jesus sehr schön: «Du zeigst mir den Weg, der zum Leben führt. Du beschenkst mich mit Freude, denn du bist bei mir; aus deiner Hand empfange ich unendliches Glück» (Psalm 16,11). Sein Reich ist weitaus besser als das Vergnügen, das wir aus einem vorübergehenden Kaufrausch, einem Zucker- oder einem Adrenalinrausch ziehen. Der Himmel ist kein sonderbarer, übernatürlicher Ort, an dem Engel mit Harfen auf Wolken sitzen. Er ist unser Zuhause. Der Philosoph Peter Kreeft hat es so formuliert:

Heimat – das ist der Himmel. Er wird nicht fremd und weit weg und «übernatürlich» erscheinen, sondern ganz natürlich. Der Himmel ist das, wofür wir geschaffen wurden. Alle unsere Helden suchen ihn: Es ist die «Heimat» von Odysseus, von Äneas, von Frodo, von E. T. Der Himmel ist nicht realitätsfern. Weltlichkeit ist realitätsfern. Der Himmel ist Heimat.[62]

Zum Vergleich

Nachdem wir einen Blick auf das unsere Seele sättigende Königreich geworfen haben, dessen Bürger wir sind, lasst uns das, was in der Bibel steht, mit dem vergleichen, was manche berühmte Autoren und Lehrer in Büchern schreiben, die an Christen verkauft werden:

«Lieber Leser, liebe Leserin, DU HAST NUR EIN LEBEN ZU LEBEN. Was wäre, wenn du morgen stirbst und deinen Traum nie in Angriff genommen hast?»[63]

«Ich bin ein großer Fan davon, mir etwas Sichtbares an die Schranktür zu kleben und mich jeden Tag daran erinnern zu lassen, worauf ich hinarbeite. Aktuell klebt an der Tür das Cover der *Forbes* mit weiblichen Gründerinnen, ein Ferienhaus auf Hawaii ... und ein Bild von Beyoncé, klar.»[64]

Diese Zitate zeigen, dass die #YOLO-Mentalität überaus egoistisch ist und sich nur auf das Hier und Jetzt konzentriert und nicht auf die Ewigkeit. Aber wie schön ist es zu wissen: Selbst wenn der Traum, den du seit deiner Kindheit träumst, nie in Erfüllung geht, hast du ein viel besseres Leben, auf das du dich freuen kannst. Und selbst wenn du dir diesen oder jenen Traum irgendwie erfüllst, ist das nichts gegen die Freude, die dich im Himmel erwartet. Selbst wenn du das Ferienhaus nie kaufst, den Traumjob nie bekommst, nie befördert wirst oder nie in diese Jeans passt ... dieses Leben ist nicht das Wichtigste.

Diese Perspektive ist auch sehr hilfreich, wenn du dich selbst verleugnen und Christus gehorchen musst, auch wenn es weh-

tut, wenn seine Gebote nicht mit deinen Vorstellungen übereinstimmen und es unbequem für dich wird.

Jesus' Bruder Jakobus weist in Jakobus 4,14 auf etwas Wichtiges hin: «Ihr wisst ja noch nicht einmal, was morgen sein wird!
Was ist denn schon euer Leben? Nichts als ein flüchtiger
Hauch, der – kaum ist er da – auch schon wieder verschwindet.»
Und nimm dir noch einen Moment Zeit, um über folgende
Worte von Paulus und seinen Gefährten nachzudenken, *nachdem* Paulus gesteinigt und dem Tode überlassen wurde, weil er
das Evangelium gepredigt hatte: «Der Weg in Gottes Reich
führt durch viel Leid und Verfolgung» (Apostelgeschichte
14,22).

Was hat das alles mit einer Wohnung in New York zu tun, die
ich einfach nicht finden kann? Buchstäblich alles. Ich sehne
mich nach der mein Herz beruhigenden Wärme dieses unauf-
findbaren Zuhauses, denn meine Seele sehnt sich nach etwas,
das tatsächlich real ist.

Das ist so ähnlich wie mit Hunger und Durst. Unser Körper
verspürt ein Bedürfnis nach Essen und Trinken, weil es ein rea-
les Objekt gibt, das dieses Verlangen befriedigen kann. Überleg
mal. Würde dein Körper Durst verspüren, wenn es kein Wasser
gäbe? Würde er hungern, wenn es keine Nahrung gäbe?[65] Wir
verbinden alle ein tiefes Gefühl bezüglich unerfüllter Ziele, un-
erwiderter Liebe und unerfüllter Träume, weil das Objekt dieser
Sehnsüchte real ist, auch wenn es sich in diesem Leben nicht
vollständig verwirklicht. Ich finde das aufregend!

Wenn ich mit einem leeren Gefühl aufwache, diesem
Schmerz der Enttäuschung, diesem Loch im Bauch, weiß ich,
dass das, wonach ich mich wirklich sehne, etwas ist, dem keine
irdische Wohnung gerecht werden kann. Ich sehne mich nach
dem Himmel. Auch wenn alle Hoffnungen, die ich für mein Le-

ben hier auf der Erde habe, unerreichbar sind, weiß ich, dass etwas auf der anderen Seite auf mich wartet, das noch schöner, erfüllender und wunderbarer ist. Und selbst wenn ich es irgendwie schaffen würde, alles auf dieser Erde zu erreichen, was ich mir vorgenommen habe, würde es verblassen im Vergleich zu der absoluten Ekstase, für immer von der Liebe Gottes umhüllt zu sein.

Aber das ist schwer zu vermitteln in einer Welt, die Gott zu einem Wunschautomaten gemacht hat, der alle Leckereien ausgibt, die unsere kleinen Herzen begehren. Das führt uns zu einer weiteren Lüge, die wir aufdecken müssen: Ich bin nur ungern diejenige, die es sagt, aber Gottes höchstes Ziel für dich ist nicht dein Glück.

8.
Moskitos

Gott möchte einfach nur, dass du glücklich bist

Sie schienen auf das Dunkel zu starren, doch vor ihren Augen sahen sie Gott.[66]

Zora Neale Hurston: Vor ihren Augen sahen sie Gott

Meine Freundin Médine hat lange, grausame achtzehn Monate als Flüchtling überlebt, nachdem in ihrem Heimatland Kongo ein Bürgerkrieg ausgebrochen war. Als ihre Stadt Dolisie in Flammen aufging, band sie sich ihren fast anderthalbjährigen Sohn David auf den Rücken und machte sich mit ihrer Familie auf den Weg des Überlebens – das bedeutete achtzehn Monate Obdachlosigkeit, Unterernährung, Durst, Krankheiten, feindselige Dorfbewohner, Schießereien und die ständige Gefahr durch umherziehende Milizen und Banden.

Da es keine internationalen Versorgungslinien gab, die Hilfe leisten oder Proviant hätten bereitstellen können, waren Médine und ihre Familie gezwungen, mit vom steinigen Boden zerschundenen Füßen durch bewaldete Gebiete zu ziehen, um Nahrung und Schutz zu finden. Keiner hatte richtige Schuhe. Es gab keine Medikamente. Lebensmittel waren knapp und sauberes Wasser gab es nur selten. Wenn sie Wasser fanden, war es in der Regel schmutzig und verunreinigt, sodass Durchfallerkrankungen zum Alltag gehörten.

Oft musste Médine mehr als zehn Kilometer in der sengenden Sonne nach Maniokwurzeln suchen, die sie dann erntete, zu ihrer Familie zurückbrachte, kochte und anschließend als einzige Mahlzeit des Tages servierte. Médine erinnert sich:

Um die Maniokfelder zu erreichen, waren wir oft Schwärmen von Heeresameisen ausgesetzt. Einige der Ameisen fielen von den Bäumen auf uns, andere krabbelten an unseren Beinen hoch. Wir mussten die Ameisen abwischen und einzeln von der Haut lösen. Ihren Körper konnten wir abstreifen und dabei töten, aber ihre Mundwerkzeuge mussten wir uns trotzdem noch aus der Haut ziehen.[67]

(Profi-Tipp: Wenn sich einer deiner Freunde das nächste Mal über etwas Triviales beschwert, frag ihn einfach: «Musstest du dir schon einmal Mundwerkzeuge von Heeresameisen aus der Haut ziehen?») Manchmal aßen sie Ratten, um Proteine zu bekommen. Die Nächte verbrachten sie auf schmutzigen Böden, ohne Decken, zusammengerollt und zitternd, bevor sie wieder kilometerweit laufen, schmutziges Wasser trinken und nach Nahrung suchen mussten. Besonders schwierig war es für die Frauen, da sie ständig von sexuellen Übergriffen bedroht waren. Wie es Médine formuliert: «Vergewaltigung war eine verbreitete Kriegswaffe.»[68]

Doch damit nicht genug: Eine der größten Gefahren stellte Malaria dar. Die Menschen waren hungrig, aber die Moskitos waren noch hungriger. Da es Milliarden Moskitos gab, wurden Médine und ihre Familie zur ununterbrochenen Mahlzeit für diese gefräßigen Plagegeister. Ich kann mir nur schwer vorstellen, wie es sein muss, nachts aufzuwachen und zu sehen, wie der Kopf deines Babys so mit Bissspuren übersät ist, dass es aussieht, als wäre ihm über Nacht ein richtiger Haarschopf gewachsen. Sie und David erkrankten beide mehr als einmal an Malaria. David wäre fast gestorben. Viele Menschen starben.

Die Armut des Wohlstandes

Die erschütternde Geschichte von Médine steht stellvertretend für das Ausmaß der Widrigkeiten, die viele Menschen auf der Welt im Laufe der Geschichte ertragen haben. Diejenigen unter uns, die drei Mahlzeiten am Tag essen und Zugang zu sauberem Wasser, zu Kleidung, Schuhen, Unterkunft und Insektenspray haben, mag das schockieren, aber vor der Neuzeit und dem Aufstieg der westlichen Zivilisation war das Leben für jeden ziemlich schwer. Christen erwarteten Entbehrungen. Sie gingen davon aus, dass sie, auch wenn dieses Leben voller Leid war, einen Gott hatten, der sie in dieser Welt begleitete und ihnen eine zukünftige Hoffnung auf ewige Glückseligkeit im Jenseits anbot.

Doch dann geschah etwas in der jüngeren Geschichte, das alles auf den Kopf stellte: Wir wurden reich. Wir wurden wohlhabend und selbstbewusst. Wir sind nicht mehr jede einzelne Sekunde des Tages auf Gott angewiesen, weil wir Mäntel haben, die uns warmhalten, und Autos, die uns zu den Jobs fahren, die uns Geld einbringen, das wir für Lebensmittel, Kleidung und moderne Medizin ausgeben. Das sind alles gute Dinge. Ich bin dankbar für sie – besonders für die moderne Medizin und die Erfindung von Schmerzmitteln. Können wir uns alle einen Moment Zeit nehmen und dem lieben Gott für Schmerzmittel danken?

Aber es gibt umgekehrt auch eine gewisse Armut, die aus dem Wohlstand erwächst. Wir neigen dazu, den wahren Sinn des Lebens zu vergessen. Erinnerst du dich daran, was dieser beinhaltet? Gott anzubeten und ihn für immer zu genießen. Wir sind schließlich nach seinem Ebenbild geschaffen. Je näher wir ihm sind, desto glücklicher werden wir sein.

Aber wenn wir ein ganzes Sammelsurium an Annehmlichkeiten und Besitztümern haben, die uns von unseren wahren spirituellen Bedürfnissen ablenken, müssen wir uns bewusst bemühen, nicht zu vergessen, wie abhängig wir von Gott sind. Deshalb ist es nicht immer sein höchstes Ziel, dass wir es auf Erden bequem haben und glücklich sind. Wie wir sehen werden, sind Prüfungen ein Geschenk.

Ein neues Glaubenssystem

Im Jahr 2001 begann ein Forscherteam um den Soziologen Christian Smith in einer Studie die geistlichen Überzeugungen des damals durchschnittlichen amerikanischen Teenagers zu untersuchen.[69] Nachdem sie mehr als dreitausend Jugendliche befragt hatten, ermittelten sie fünf gemeinsame Überzeugungen des typischen Teenagers[70]:

1. Es gibt einen Gott, der die Welt erschaffen und geordnet hat und über das menschliche Leben auf Erden wacht.
2. Gott möchte, dass die Menschen gut, nett und fair miteinander umgehen, wie es die Bibel und die meisten Weltreligionen lehren.
3. Das Hauptziel des Lebens ist es, glücklich zu sein und sich wohlzufühlen.
4. Gott muss nicht viel mit unserem Leben zu tun haben, es sei denn, er wird gebraucht, um ein Problem zu lösen.
5. Gute Menschen kommen in den Himmel, wenn sie sterben.

Smith und seine Forschergruppe fassten diese Überzeugungen durch die Prägung eines neuen Begriffs zusammen: «moralistisch-therapeutischer Deismus». Im Grunde genommen hatten die amerikanischen Teenager den Eindruck, dass Gott einfach nur wollte, dass sie glücklich und nett zueinander sind. Er glich einem gutherzigen Therapeuten im Himmel, der ihre Wünsche erfüllte, wenn sie etwas brauchten, aber ansonsten Abstand hielt. Er würde sich sicherlich nicht in ihr Sexleben einmischen oder sie zu etwas auffordern, was sie traurig machen oder sich unbehaglich fühlen lassen würde oder ihnen das Gefühl gab, benachteiligt zu sein. Menschen mit dieser Mentalität wird das eigene Ich zum Zentrum des Universums. Heute, da all diese Teenager erwachsen sind, hat das oben beschriebene Glaubenssystem alle Bereiche der Gesellschaft durchdrungen. Wir haben uns mit Haut und Haaren darauf eingelassen.

Gott will *tatsächlich*, dass du glücklich bist ...

Wenn wir die Bibel richtig auslegen, entdecken wir ... Überraschung! Gott möchte, dass wir glücklich sind. Das ist tatsächlich keine Lüge – je nachdem, was man unter Glück versteht. Viele Menschen definieren Glück heute als einen psychologischen Zustand der Zufriedenheit. Es ist das angenehme Gefühl, das man hat, wenn man an einem guten Kaffee nippt oder einen schönen Sonnenuntergang genießt.

Die Gesellschaft sagt uns: Glück bedeutet, die eigenen Umstände so zu steuern, dass wir diese guten Gefühle so oft wie möglich haben, und wenn wir diese guten Gefühle nicht erleben, sollten wir unsere Umstände ändern. Bist du unglücklich in deiner Ehe? Lass dich scheiden. Fühlst du dich deprimiert? Betrinke dich. Überwältigt von der Mutterschaft? Mach dir in den sozialen Medien Luft. (Was für kleine Monster deine Kinder sind!) Das Problem: Diese Gefühle und Verhaltensweisen sind flüchtig und situationsbedingt. Wenn wir unsere Umstände unseren Glücksgefühlen anpassen, fühlen wir uns manchmal besser, aber auf lange Sicht kann das uns selbst und anderen auch schaden.

Die Bibel definiert Glück ganz anders. Hier ist Glück kein psychologischer Zustand oder ein Gefühl, das wir erleben. Es wird vielmehr als eine Ausrichtung auf Gott und Gehorsam gegenüber seinem Wort beschrieben. Es ist eine auf Gott fokussierte Freude, nicht eine selbstzentrierte Stimmungsaufhellung.

Denk an Apostelgeschichte 5,17–42, als die Apostel von den religiösen Führern verhaftet und ins Gefängnis geworfen wurden, weil sie das Evangelium gepredigt und Menschen geheilt hatten. Ein Engel befreite sie auf wundersame Weise aus dem Gefängnis und befahl ihnen, direkt zum Tempel zu gehen und zu predigen. Sie gehorchten, was zur Folge hatte, dass die religiösen Führer sie auspeitschen ließen und verwarnten, nicht mehr im Namen von Jesus zu sprechen.

Versetz dich für einen Moment in die Jünger hinein. Wie würdest du reagieren? Ich gebe es ungern zu, aber ich würde wahrscheinlich an der Güte Gottes zweifeln. Ich würde vielleicht etwa so denken: *Wirklich, Gott? Du hast einen Engel geschickt, der mich persönlich aus dem Gefängnis heraus begleitet, und wenn ich dann tue, was der Engel mir befohlen hat, werde ich verprügelt und bedroht? Wie kann das, bitte, einen Sinn ergeben?* Ich würde aus einer ich-zentrierten Perspektive reagieren, nicht aus der Perspektive Gottes.

Aber was sagt die Bibel, wie die Apostel reagierten? Sie «aber verließen den Hohen Rat voller Freude darüber, dass Gott sie dazu auserwählt hatte, für Jesus Verachtung und Schande zu ertragen» (Vers 41).

Wie kann das sein? Wie hatten sie erkannt, was wir manchmal nur mit Mühe in unsere Dickschädel bekommen? Ich glaube, sie hatten verstanden, was wahres Glück ist. Biblisches Glück beruht nicht darauf, dass wir etwas haben, uns in unseren Umständen wohlfühlen oder romantische Erfüllung finden. Diese Dinge *fühlen sich gut an*, aber sie können nicht das endgültige Glück bringen. In manchen Fällen können sie uns sogar vom wahren Glück ablenken.

Wahres biblisches Glück ist das tiefe Wissen, dass wir verloren waren und von Gott wiedergefunden wurden (vgl. Lukas 15). Dieses Wissen macht unabhängig von unseren Umständen froh. Wir haben die Liebe Christi erfahren, die stets Ermutigung und Trost bringt. In unserer Kultur ergibt das keinen Sinn, aber nach Gottes Weisheit ist es perfekt. Das muss der Grund sein, warum der Apostel Paulus wahre Freude ausdrücken konnte, obwohl er vom Tod bedroht war: «Und selbst wenn ich sterben muss und mein Blut wie Opferblut vergossen wird im Dienst für euren Glauben, so bin ich doch voller Freude. Ja, ich freue mich mit euch allen. Freut ihr euch ebenso, freut euch mit mir!» (Philipper 2,17–18).

... aber vor allem möchte Gott, dass du gehorsam bist

Es ist kein Wunder, dass Paulus sich unter schwierigen Umständen freuen konnte. Er stellte das Leiden auf den Kopf. Nach biblischem Verständnis steht Leid dem Glück nicht entgegen; die zwei gehen Hand in Hand. Während seines Dienstes ertrug Paulus Hunger, Durst und Kälte. Er wurde entführt, geschlagen, ausgepeitscht, ins Gefängnis geworfen, verspottet, gesteinigt und er erlitt Schiffbruch – all das, bevor er schließlich enthauptet wurde. In Römer 8 erinnert er daran, dass uns nichts von der Liebe Christi trennen kann, wobei er in Vers 35 besonders Leiden und Angst, Verfolgung, Hunger, Armut, Gefahr und den gewaltsamen Tod erwähnt.

Paulus war ein Experte im Leiden: Einmal flehte er Gott an, ihn von einem geheimnisvollen «quälenden Leiden» zu befreien. Was auch immer das war, er beschrieb es als einen «Engel des Satans», der ihn «mit Fäusten schlagen» durfte, und flehte Gott dreimal an, es wegzunehmen (2. Korinther 12,7–8). Die Antwort war ein klares Nein. Gott sagte ihm, seine Gnade sei ausreichend. Also beschloss Paulus, dass er sich seiner Schwächen rühmen würde. Er verkündete triumphierend: «Darum bin ich guten Mutes in Schwachheit, in Misshandlungen, in Nöten, in Verfolgungen und Ängsten um Christi willen; denn wenn ich schwach bin, so bin ich stark» (Vers 10; LUT).

Das bedeutet nicht, dass sich Paulus einfach auf das Gute konzentrierte oder eine heitere Einstellung hatte wie die ewig optimistische Romanfigur Pollyanna aus dem gleichnamigen Buch von Eleanor Hodgman Porter, die das «Such die Freude»-Spiel berühmt gemacht hat. Paulus war ein Mann, der den tiefen Nutzen und das ultimative Geschenk, welches das Leiden im Leben eines Christen darstellt, erkannt hatte. Paulus verstand, dass man sich mit dem Leiden anfreunden muss, um wirklich glücklich zu sein. Aus einer Gefängniszelle schrieb er folgende Worte an die Gläubigen in Philippi: «Ihr habt nicht nur das Vorrecht, an Christus zu glauben, ihr dürft sogar für ihn leiden» (Philipper 1,29).

Na gut. Machen wir eine kurze Pause. Paulus klingt vielleicht wie jemand, der von Strafen nicht genug bekommen kann, eine Art Masochist. Ziemlich genau das Gegenteil ist der Fall. Paulus hilft uns zu verstehen, dass uns die kleinen Härten, die wir in diesem Leben erfahren, auf die Ewigkeit vorbereiten. In der himmlischen Ordnung erzeugt Leiden tatsächlich Freude.

Denk an Elisabeth Elliot aus Kapitel 5, die als Missionarin unter genau dem Stamm lebte, der ihren Mann getötet hatte.

Joni Eareckson Tada erzählt, dass die beiden Frauen sich viele Jahre später begegneten, als beide gemeinsam auf einer Konferenz sprachen. Joni, die seit einem Tauchunfall als Jugendliche vom Hals abwärts gelähmt ist, wusste auch das eine oder andere über Leiden. Sie erinnert sich gerne an das Treffen: «Wir waren einfach Nachfolgerinnen Christi, die im Teilhaben an seinem Leiden die Tiefen seiner Freude erfahren hatten. Diese Leiden schlugen tiefe Wunden in unsere Herzen, durch welche Gnade und Freude eindrangen, die unsere Seelen weiter gemacht und mit dem Reichtum unseres Herrn erfüllt hatten.»[71]

Hunger ist das beste Gewürz

Hast du jemals darüber nachgedacht, dass Essen umso besser schmeckt, je hungriger du bist? Hast du dich schon einmal gefragt, warum kaltes Wasser so viel befriedigender ist, wenn die Kehle vor Durst brennt? Wenden wir das auf Glück an. Was ist mit Schmerz? Denk an den schlimmsten körperlichen Schmerz, den du je erlebt hast. Bei mir war es die Geburt. Bis dahin hatte ich nicht einmal eine gedankliche Kategorie für dieses Ausmaß an Qualen. Doch in dem Moment, als meine Tochter zur Welt kam, hörten die Schmerzen auf und mein ganzer Körper wurde von einer erstaunlichen und euphorischen Erleichterung ergriffen. Ohne den Schmerz hätte ich keine Vorstellung von dieser Art von Hochgefühl.

Das ist ein extremes Beispiel, aber nehmen wir die klassische Erzählung *Charlie und die Schokoladenfabrik*. Ich habe das Buch als Kind gelesen und liebte die Verfilmung von 1971, in der Gene Wilder die Figur des Willy Wonka spielt.

In der Geschichte ist die Figur Veruca Salt eine verwöhnte kleine Göre, die einfach durch Schreien ihre Eltern manipuliert, damit sie ihr alles kaufen, was sie will. Charlie hingegen ist ein bescheidener und freundlicher Junge, so arm, dass er sich nur von Kohlsuppe ernährt und nicht einmal einen Wintermantel besitzt. Einmal im Jahr erhält er eine Tafel Schokolade zum Geburtstag. Er genießt jeden winzigen Bissen und dadurch reicht die Tafel oft mehr als einen Monat.

Es wird ein Wettbewerb ausgeschrieben, bei dem eine Hand-

voll glücklicher Gewinner die geheimnisvolle Schokoladenfabrik besichtigen und den exzentrischen Besitzer, Willy Wonka, kennenlernen darf. Fünf goldene Eintrittskarten sind in den
Verpackungen von Schokoladentafeln versteckt, die in die ganze
Welt verschickt werden.

Veruca zwingt ihren Vater mit einem Wutanfall dazu, eine
halbe Million Tafeln zu kaufen und die Arbeiter in seiner Fabrik
anzuweisen, sie eine nach der anderen auszupacken, bis sie ihr
goldenes Ticket hat. Drei andere unsympathische Kinder werden ebenfalls fündig. Nur ein einziges Ticket wurde noch nicht
gefunden. Charlies einzige Hoffnung ist seine bevorstehende
Tafel Schokolade zum Geburtstag. Er hat nur eine Chance. Er
packt langsam eine Ecke von Willy Wonkas Wunder-Weich-
Creme-Füllung-Tafel aus, die er dankend als Geburtstagsge-
schenk seiner mittellosen Eltern entgegengenommen hat.

Obwohl das goldene Ticket nicht drin ist, bietet er den ersten
Bissen seiner Mutter an und lädt alle Familienmitglieder ein, die
Tafel mit ihm zu teilen. Veruca hingegen freut sich über keine
einzige der Schokoladentafeln. Sie zeigt keine Dankbarkeit
oder Demut. Nur Anspruchsdenken und Unzufriedenheit.
Charlie genießt jeden Bissen mit solcher Freude, weil er vorher
so schlimmen Hunger erlebt hat.

Zurück zu Paulus

Nachdem wir den praktischen Aspekt, wie Leiden zur Charak-
terbildung beiträgt, verstanden haben, kehren wir zu Paulus zurück, der es in Römer 5,3–5 wie folgt ausdrückt: «Wir danken
Gott auch für die Leiden, die wir wegen unseres Glaubens auf
uns nehmen müssen. Denn Leid macht geduldig, Geduld aber

vertieft und festigt unseren Glauben, und das wiederum stärkt unsere Hoffnung. Diese Hoffnung aber geht nicht ins Leere. Denn uns ist der Heilige Geist geschenkt, und durch ihn hat Gott unsere Herzen mit seiner Liebe erfüllt.» Nach Paulus ist das Leiden etwas, worüber wir uns eigentlich freuen sollten.

Jakobus stimmt dem zu: «Liebe Brüder und Schwestern! Betrachtet es als besonderen Grund zur Freude, wenn euer Glaube immer wieder hart auf die Probe gestellt wird. Ihr wisst doch, dass er durch solche Bewährungsproben fest und unerschütterlich wird» (Jakobus 1,2–3). Der Apostel Petrus sagt uns: «Meine lieben Freunde! Wundert euch nicht über die heftigen Anfeindungen, die ihr jetzt erfahrt. Sie sollen euren Glauben prüfen und sind nichts Außergewöhnliches. Freut euch vielmehr darüber, dass ihr mit Christus leidet; dann werdet ihr auch jubeln und euch mit ihm freuen, wenn er in all seiner Herrlichkeit erscheint» (1. Petrus 4,12–13).

Dass wir Gott zugestehen, durch Leid unseren Charakter zu festigen, unsere Freude zu vertiefen und uns näher zu sich zu ziehen, scheint nicht nur im Neuen Testament ein Thema zu sein. Es gibt einen Zusammenhang zwischen dem Leiden des Menschen und der Offenbarung der Herrlichkeit Gottes. Der Psalmist schreibt: «Für mich war es gut, dass ich in Bedrängnis geriet und schließlich umkehren musste. Denn da erst lernte ich, wie hilfreich deine Gebote sind» (Psalm 119,71). Das Ausharren des Paulus im Leiden spiegelt auch das Verständnis wider, dass diese Welt nicht das letzte Ziel ist: «Ich bin ganz sicher, dass alles, was wir in dieser Welt erleiden, nichts ist verglichen mit der Herrlichkeit, die Gott uns einmal schenken wird» (Römer 8,18). Und: «Darum verlieren wir nicht den Mut. Wenn auch unsere körperlichen Kräfte aufgezehrt werden, wird doch das Leben, das Gott uns schenkt, von Tag zu Tag erneuert. Was wir jetzt leiden müssen, dauert nicht lange. Es ist leicht zu ertragen und bringt uns eine unendliche, unvorstellbare Herrlichkeit. Deshalb lassen wir uns von dem, was uns zurzeit so sichtbar bedrängt, nicht ablenken, sondern wir richten unseren Blick auf das, was jetzt noch unsichtbar ist. Denn das Sichtbare vergeht, doch das Unsichtbare bleibt ewig» (2. Korinther 4,16–18).

Zum Vergleich

Vergleichen wir die Worte von Paulus, Jakobus, Petrus und des Psalmisten mit denen beliebter Meinungsführer von heute:

«Zu sagen, dass wir etwas aus dem Leiden lernen können, misst dem Leiden zu viel Wert und Bedeutung bei. Leiden verwandelt nicht. Leiden entmenschlicht. Leiden ist böse.»[72]

«Du, und nur du allein, bist letztlich dafür verantwortlich, wer du sein willst und wie glücklich du bist.»[73]

«Du darfst mehr für dich wollen, und das aus keinem anderen Grund als dem, dass es dich glücklich macht.»[74]

Schätze in der Dunkelheit entdeckt

Für sein Buch *Live Not by Lies* (deutscher Titel: Lebt nicht mit der Lüge!) hat Rod Dreher Christen aus dem ehemaligen Sowjet-Block interviewt, die starke Verfolgung durch ein totalitäres Regime überlebt hatten. Was ihm auffiel, war vor allem die tiefe Freude, die sie ausstrahlten. Er stellte fest, dass Christen «das undurchdringliche Mysterium akzeptieren, dass das Leiden, wenn man es richtig annimmt, ein Geschenk sein kann.»[75]

Meine Freundin Médine, deren Geschichte dieses Kapitel eröffnet, versteht das sehr gut. In der Vorbereitung auf diesen Abschnitt schickte ich ihr eine E-Mail mit der Frage: «Médine, als Flüchtling hast du unter ständiger Krankheit, Gefahr, Hunger und Durst gelitten. Was hättest du gedacht, wenn dir damals jemand gesagt hätte: ‹Gott will nur, dass du glücklich bist›?» Mit ihrer Erlaubnis gebe ich hier ihre Worte wieder:

Christ zu sein bedeutet nicht, dass man nach dem Pollyanna-Prinzip immer glücklich ist. Gott hat uns mit einer Reihe von Emotionen geschaffen, die wir auf Erden erleben. Sie helfen uns, zu reifen, ausgeglichenen Menschen zu werden. Es ist verständlich, sich beständiges Glück zu wünschen, aber das Leben hat nicht nur gute Seiten; es gibt schwierige Zeiten, in denen wir Traurigkeit, Wut, Herzschmerz und Trauer erleben. Ich danke Gott für Zeiten des Glücks, aber ich danke ihm auch für schwierige Zeiten. All diese Momente haben mich zu der Person werden lassen, die Gott haben will. Ich habe während meiner Zeit als Kriegsflüchtling und durch den Verlust meiner Familie Wertvolles gelernt, wie Schätze, die ich in der Dunkelheit entdeckte. Ich habe auch wunderbare Lektionen gelernt, als ich glücklich war. Gott möchte, dass wir eine dynamische und innige Beziehung mit ihm haben, die uns durch Zeiten der Not und der Freude führt.

Als Christen sollen wir das Leiden nicht als eine Art von Selbstgeißelung *suchen*. Wir freuen uns nicht über das Leiden um des Leidens willen. Der Zweck des Leidens im Leben eines Christen ist es, dem Vorbild Christi ähnlicher zu werden. Um das zu erreichen, müssen unsere persönlichen Wünsche, Sehnsüchte und Träume sterben. Das kann sehr schmerzhaft sein.

Was kommt auf mich zu …

Wie die Ablehnung, die einem entgegengebracht wird, zu bewerten ist

Werde ich als Christ gehasst oder verfolgt?

Wenn deine Antwort nein lautet: Warum ist das so?

- ❏ Ich bin mir nicht sicher, wie ich für meinen Glauben eintreten soll.
- ❏ Ich mache lieber mit, um mit allen gut auszukommen.
- ❏ Ich möchte nicht als Fanatiker bezeichnet werden.
- ❏ Ich möchte nichts Wertvolles verlieren (z. B. meinen Ruf, meinen Job).
- ❏ Ich finde es lieblos, die Meinung anderer zu kritisieren.
- ❏ Ich verbringe meine Zeit fast ausschließlich mit anderen Gläubigen.

Wenn deine Antwort ja ist: Ist es so, …

- ❏ weil du unmoralisches Verhalten verurteilst?
- ❏ wegen deines Tonfalls?
- ❏ weil du andere beschimpfst?
- ❏ wegen deiner mangelnden Bereitschaft, in grundlegenden Fragen Kompromisse einzugehen?
- ❏ wegen deiner mangelnden Bereitschaft, in unwesentlichen Dingen andere Meinungen stehen zu lassen?
- ❏ wegen deines Vertrauens in die Bibel als letztgültige Autorität?

Wenn du Christ bist, ist dir Leiden verheißen. Der Apostel Paulus schrieb: «Tatsächlich muss jeder, der zu Jesus Christus gehört und so leben will, wie es Gott gefällt, mit Verfolgung rechnen» (2. Timotheus 3,12), und Jesus versprach in Johannes 16,33: «In der Welt werdet ihr hart bedrängt.» In Johannes 15,18–19 garantiert er: Wenn du ihm wirklich folgst, wird die Welt dich hassen, wie sie ihn gehasst hat.

Eine Frage stelle ich mir immer wieder: Paulus sagt, dass alle wahren Christen verfolgt werden würden, und Jesus versprach, dass die Welt seine wahren Nachfolger hassen werde. Erlebe ich das in meinem Leben? Werde ich gehasst und verfolgt? Ich habe sicherlich niemanden beleidigt, und ich versuche immer, das Evangelium auf die liebevollste und überzeugendste Weise zu vermitteln. Aber lieben neunzig Prozent einer gottlosen Gesellschaft, was ich in den sozialen Medien poste? Oder habe ich Anteil an den Leiden Christi?

Oswald Chambers schrieb einmal: «Nehmen wir teil an den Leiden Christi? Sind wir darauf vorbereitet, dass Gott unsere persönlichen Pläne durchkreuzt? Lassen wir zu, dass Gott unsere eigenen Entscheidungen zerstört, indem er sie durch seine Macht verwandelt?»[76]

Das ist die Frage, mit der wir alle ringen müssen. Wir wissen nicht immer, warum Prüfungen in unser Leben kommen. Wir kennen nicht das Ende der Geschichte, so wie Gott. Aber ich bin sicher, dass Médine, Elisabeth Elliot, Joni Eareckson Tada und Christen aus dem ehemaligen Sowjetblock Chambers zustimmen würden, dass mit dem Leiden ein unerwartetes Geschenk einhergeht: «Erst danach gewinnen wir klare Sicht und erkennen: ‹Gott hat mich stark gemacht, ohne dass ich es merkte!›»[77]

9.
Besserwisseritis

Du sollst nicht urteilen

Die Urteilskraft ist den Menschen gegeben, damit sie sie gebrauchen. Sollen wir sie darum nicht anwenden, weil wir uns irren könnten?[78]

John Stuart Mill: Über die Freiheit

«Es tut mir leid, dass ich euch das sagen muss, Mädels. Aber das Plattenlabel möchte, dass ihr alle fünf Kilo abnehmt. Wenn ihr nach Hause kommt, liegt dort für jeden von euch ein Mitgliedsausweis fürs Fitnessstudio bereit.»

Meine zwei Bandmitglieder und ich saßen vor dem auf Lautsprecher gestellten Telefon in einem New Yorker Hotelzimmer am Ende einer kurzen Pressetour zur Promotion unseres ersten Albums. Anscheinend hatte jemand den Mächtigen unserer Plattenfirma erzählt, über wie viele Stunden ZOEgirl bei Proben und Aufnahmen im Studio Zuckermüsli, Chips und Süßigkeiten vertilgte. Unsere schlechte Angewohnheit hatte uns eingeholt und die Kommandozentrale hatte Alarmstufe Rot ausgerufen. Da wir eine auf Teenager ausgerichtete Popgruppe waren, die sang und tanzte, war die Plattenfirma darauf bedacht, dass wir in Topform blieben.

Ähnlich wie bei den sieben Phasen der Trauer verarbeiteten wir diese Mitteilung in Phasen: Zuerst rollten wir mit den Augen, dann lachten wir nervös, dann kam der Schock, der sich in Schmerz, Unglauben, Sarkasmus und schließlich Wut verwandelte. Wir konnten durchaus verstehen, dass ein säkulares Label so etwas fordern kann. Aber ein christliches?

Wir machten uns an die Arbeit und kanalisierten all unsere aufgebrachte Energie in die Zeichnung eines Comics, wie wir es oft taten, um mit dem Druck des ständigen Schreibens, Aufnehmens und Tourens fertig zu werden. In dieser speziellen Episode stellten wir uns selbst als krankhaft fettleibige Popstars dar, deren Fettrollen überall aus lächerlich engen und mit Fransen besetzten Kunstleder-Outfits quollen. Wir kamen als riesige, menschliche Bälle in die Stadt gerollt und stellten fest, dass die Plattenfirma eine Werbetafel hatte aufstellen lassen, auf der in Blinkschrift «ZOEgirl ist fett» zu lesen war. In jenem Hotelzimmer lachten wir, bis wir weinten. Ich weiß nicht, wie sehr es die beiden anderen traf, aber meinem Lachen folgten bittere Tränen, die aus dem tiefsten Inneren kamen, und ich weinte hemmungslos. Ich war völlig fertig mit den Nerven.

In Gedanken war ich sofort wieder in dem Badezimmer meiner Kindheit mit der blauen Blümchentapete, wo ich mit etwa elf Jahren zum ersten Mal versucht hatte, mich zu übergeben. Kurz zuvor hatte mir mein Turntrainer den Bauch getätschelt und gesagt, nach den Feiertagen müsse ich wohl mal ein paar Sit-ups mehr machen. Dieser erste Versuch war eine schreckliche Erfahrung gewesen, und ich wollte es nie wieder tun. Aber jede Bemerkung über mein Gewicht berührte eine bereits vorhandene, empfindliche Wunde.

Erst mit Anfang zwanzig hatte ich das mit dem Erbrechen erneut versucht. Diesmal war es einfacher und es passierte gelegentlich, aber ich kämpfte immer noch dagegen an. Als ich fünfundzwanzig war und es mit ZOEgirl gerade so richtig losging, dachte ich, ich hätte alles unter Kontrolle. Aber jetzt ging es ans Eingemachte.

Du musst fünf Kilo abnehmen. Ganz gleich, was ich tat, dieser Ausspruch ging mir nicht mehr aus dem Kopf. Ich gebe nicht meinem Turntrainer, meinem Plattenlabel oder irgendjemand anderem, der mir vielleicht eine unbedachte Bemerkung zugeworfen hat, die Schuld. Meine Lebensentscheidungen gehen auf mich. Aber jede Bemerkung tat weh. Als meinen Bandkolleginnen und mir gesagt wurde, wir sollten abnehmen, wollte ich unbedingt reif und vernünftig reagieren, aber ich hatte eine Vorgeschichte mit Bulimie und musste bald zum Fotoshooting. Das war die schlechteste Kombination.

Als wir in die Stadt zurückkehrten, erhielten wir von jemandem aus den oberen Rängen der Plattenfirma eine freundliche

Einladung zum Pilates-Training. (Ihr wisst schon, nur ein zwangloses Treffen, um etwas Pilates zu machen. Ohne Hintergedanken.) Wir wurden auf einen Kaffee eingeladen, um über Kohlenhydrate informiert und einem persönlichen Gesundheitscoach zugewiesen zu werden. Die Botschaft kam laut und deutlich bei mir an.

In den nächsten Jahren war mein Leben ein ständiger Kreislauf aus Arbeit und noch mehr Arbeit. Wenn wir keine Songs schrieben, nahmen wir auf. Wenn wir nicht aufnahmen, gaben wir Interviews. Wenn wir keine Interviews gaben, saßen wir wochenlang im Tourbus, um einen ermüdenden Auftrittsplan zu erfüllen. Wenn wir nicht unterwegs waren, planten wir unser nächstes Album oder die nächste Tour. Ich war so erschöpft, dass Gebet und Bibelstudium für mich an zweiter Stelle kamen.

Wenn ich für ein paar kostbare Tage zu Hause war, blieb ich meistens allein. Nachdem ich wegen der Band nach Nashville gezogen war, hatte ich keine Gelegenheit gehabt, neue Freunde zu finden oder in einer Gemeinde Fuß zu fassen. Ich versuchte, sonntags in die Kirche zu gehen, aber ich war mir sehr wohl bewusst, dass ich erkannt werden könnte. Die Tatsache, dass ich gerade mein Gesicht in der Größe eines Brontosaurus auf einem Werbebanner in der Innenstadt gesehen hatte, machte mich vorsichtig und zurückhaltend.

Wenn ich auch gar nicht *so* berühmt war, fühlte ich mich doch nie wohl damit. Also aß ich. Ich aß, um mich anschließend zu übergeben. Mit Mundwasser gurgeln. Ausspülen. Und wieder von vorn. Ich war süchtig. Ich schämte mich auch sehr für meine Essstörung, also verbarg ich sie wie ein schmutziges kleines Geheimnis. Aber ich konnte niemandem etwas vormachen. Auf irgendeiner Tournee in irgendeiner Stadt teilte ich das Hotelzimmer mit einer meiner Bandkolleginnen. Sie ist ein Schatz

– sanft, äußerst intelligent und fürsorglich. Sie ist wahrhaftig einer der nettesten und herzlichsten Menschen, die ich je getroffen habe.

Von Natur aus ein Friedensstifter, fiel es ihr nicht leicht, zu konfrontieren. Als sie also ihren ganzen Mut aufbrachte, um mich zu fragen, was ich auf der Toilette tat, überraschte mich das. Und es machte mich wütend. Um es kurz zu machen, das Gespräch verlief nicht gut. Ich forderte sie nicht gerade höflich auf, mich nicht zu «verurteilen» und sich gefälligst rauszuhalten. Das hat sie nicht abgehalten. Sie blieb hartnäckig.

Sie bezog sogar meine andere Bandkollegin mit ein. Gemeinsam baten sie mich liebevoll, zuzugeben, was ich tat, damit sie mir helfen könnten. Auch dieses Gespräch verlief nicht so gut. Ich brauchte eine Weile, um zu Verstand zu kommen. Aber dass meine Bandkolleginnen mir so entschlossen halfen Verantwortung zu übernehmen, hat mein Leben verändert. Schließlich beichtete ich mein Geheimnis und ging zur Beratung, um gesund zu werden.

Bin ich rückblickend dankbar, dass meine Bandkollegin mich «verurteilt» hat? Dass sie es wagte, mich mit der Selbstschädigung zu konfrontieren, der ich mich schuldig gemacht hatte? Auf jeden Fall! Sie war der Katalysator, der die Dunkelheit zum ersten Mal ans Licht brachte. Bis heute kommen mir die Tränen, wenn ich daran denke, wie sehr sie mich *geliebt* haben muss, um so etwas Schwieriges zu tun.

Warum klingt die Lüge «Du sollst nicht urteilen» so gut?

Manchmal weigern sich Menschen, schlechtes Verhalten oder Gedanken zu benennen, weil das liebevoll zu sein scheint. Ich verstehe das. Wenn ich einfach lebe und leben lasse und die Gedanken von Popkultur, Büchern und Blogs nicht hinterfrage, würde ich mich als ein viel liebevollerer Mensch *fühlen*. Ich stelle fest, dass viele Menschen nach dieser Philosophie leben. Ich weiß nicht, wie oft ich gehört habe: «Es fühlt sich einfach richtig an», oder: «Es geht mich nichts an, deshalb kann ich das nicht beurteilen; ich weiß nur, was für mich stimmt.» Ohne zu überlegen, plappern die Menschen Meinungen nach, die einfach nicht mit der Realität übereinstimmen. Wenn man wirklich einmal darüber nachdenkt, ergibt die Aufforderung, nicht zu urteilen, nicht einmal Sinn.

Stell dir vor, du bist allein zu Hause und es klingelt an der Tür. Du spähst durchs Fenster und siehst einen sehr großen Mann mit einer Pistole in der Hand, der einen Häftlings-Overall trägt. Er schwitzt und schaut sich nervös um. Sei ehrlich. Öffnest du ihm die Tür? Eher nicht. Aber warte. Warum bist du so voreingenommen? Vielleicht ist er ja gar kein entflohener Sträfling, sondern trägt beim Joggen einfach gern Vollzugsanstalts-Kleidung und seine Waffe in der Hand. Wer bist du, über ihn zu urteilen?

Natürlich ist das ein Extrembeispiel. Keiner würde diesem Typen die Tür öffnen. Aber es zeigt, dass *buchstäblich jeder urteilt*. Wir alle fällen jeden Tag Urteile über Menschen. Es wäre mehr als unlogisch – und manchmal sogar gefährlich, *nicht* zu urteilen.

Und jemandem zu sagen, er solle nicht urteilen, bedeutet zu urteilen, dass er urteilt, was als urteilend betrachtet werden muss und eine Beurteilung all dieses Urteilens erfordert. Du verstehst, was ich meine.

Das Wort *Urteil* hat verschiedene Bedeutungen. In einem Gerichtssaal nimmt ein Richter bestimmte Aufgaben wahr, wie die Feststellung von Haftung und Schaden, die Verurteilung von Schuldigen und die Entscheidung über die Zulässigkeit von Beweismitteln. Zudem spricht er Urteile. Sofern du kein echter Richter bist, solltest du das eher nicht tun. Aber im weiteren Sinne bedeutet, etwas zu beurteilen auch, zu dem Schluss zu kommen, dass eine Sache besser ist als eine andere.

Digitaler Mut

«Du sollst nicht urteilen» ist zu einem regelrechten Mantra in unserer Gesellschaft geworden. Wenn Menschen das sagen, meinen sie im Allgemeinen, dass man niemals die moralischen Entscheidungen einer anderen Person kritisieren sollte. Ein paar Monate, nachdem ich 2016 mit dem Bloggen begonnen hatte, schrieb ich einen Artikel mit dem Titel «5 Anzeichen dafür, dass sich in deiner Gemeinde ein progressiver Glaube durchsetzt», der in den ersten Wochen mehr als vierhunderttausend Mal aufgerufen wurde.

Bis zu diesem Zeitpunkt hatte meine einzige ernsthafte, persönliche Interaktion mit progressiven Christen im Rahmen einer kleinen und exklusiven Studiengruppe in unserer örtlichen Gemeinde stattgefunden. Aber im Internet, wo die Leute viel mehr Freiheit haben, zu schreiben, was auch immer ihnen in den Sinn kommt, erhielt ich jetzt noch einen weiteren Crashkurs in progressivem Denken. Wenn Alkohol den Menschen «flüssigen Mut» gibt, Dinge zu sagen, die sie sonst nicht sagen würden, verleihen meiner Meinung nach die sozialen Medien den Menschen «digitalen Mut», um dasselbe online zu tun.

Hier ist ein Auszug aus einer E-Mail, die ich als Reaktion auf meinen Artikel von einem sehr besorgten Mann bekam. Seiner

Meinung nach «verurteilte» ich, wie andere Leute das Christentum interpretieren.

Sie sind für sich selbst verantwortlich. Anderen gegenüber kritisch zu sein, die Ihre Sichtweise nicht als den «einzigen Weg» zum Vater akzeptieren, ist ziemlich engstirnig. Das bedeutet nicht, dass jeder mit seiner Theologie richtig liegt. Es bedeutet nur, dass sie respektiert werden sollte und anderen erlaubt werden sollte, ihr Christentum gemäß ihrem Glauben zu praktizieren. Wenn Sie anderer Meinung sind, dann rate ich Ihnen, sich einfach eine andere Gemeinde zu suchen, die Ihrer Meinung nach besser zu Ihnen passt. Und vergessen Sie nicht diese kleine Bibelstelle … «Richtet nicht, damit ihr nicht gerichtet werdet.»

Ein paar Jahre später erschien ein sehr populäres Buch einer bekennenden christlichen Autorin, das von einem christlichen Verlag veröffentlicht und auf christlichen Plattformen vermarktet wurde. Es war ein wahr gewordener Traum. Es stürmte an die Spitze der New-York-Times-Bestsellerliste und eroberte die Herzen von Millionen von Frauen. *Girl, Wash Your Face* (deutscher Titel: Schmink's dir ab) von Rachel Hollis wurde in unzähligen Bibelgruppen und auf Konferenzen im ganzen Land vorgestellt.

Bei der Lektüre gelangte ich zu der Überzeugung, dass die Kernbotschaft des Buches das genaue Gegenteil des biblischen Evangeliums ist. Also beschloss ich, eine Rezension zu schreiben und sie in meinem Blog zu veröffentlichen. Ich hatte weder mit der starken Verbreitung des Blogbeitrags gerechnet noch mit den Unmengen an Hassbotschaften, die in den folgenden Wochen in meinem E-Mail-Postfach landen würden.

Einige der E-Mails sollten in zivilisierter Gesellschaft nicht wiedergegeben werden. Aber der Großteil der negativen Reaktionen lässt sich auf vier Wörter reduzieren: «Du. Sollst. Nicht. Urteilen.» Die Botschaft war klipp und klar, es sei falsch von mir, unbiblische Ideen in einem populären Buch zu kritisieren. Schließlich wäre Jesus nie ein solcher «Richterfuzzi» gewesen.

Mehrere Leute meinten, ich hätte mich persönlich an Rachel Hollis wenden sollen, bevor ich sie öffentlich kritisiere. (Interessanterweise hat sich keiner von ihnen persönlich an mich gewandt, bevor er mich öffentlich dafür kritisierte, dass ich Hollis öffentlich kritisierte.) Aber meine Güte. Hätte ich einfach die Klappe halten und meine Meinung für mich behalten sollen? Sicherlich nicht. Falsche Vorstellungen beeinflussen reale Menschen. In *Schmink's dir ab* schreibt Rachel Hollis:

[…] müssen wir erkennen, dass etwas nicht auch für jeden anderen gelten muss, nur weil *wir* es glauben. In vielen Situationen verurteilen wir aus einem Gefühl heraus, den Durchblick zu haben – im Gegensatz zu allen anderen. *Wenn wir andere verurteilen, fühlen wir uns besser mit unseren eigenen Entscheidungen.* Unser Glaube gehört zu den Bereichen, in denen besonders viel schiefläuft. Wir halten unsere Religion für die einzig richtige, deshalb muss jede andere falsch sein. Selbst innerhalb derselben Religion oder sogar innerhalb derselben Gemeinde verurteilen sich Leute gegenseitig dafür, keine richtigen Christen, Katholiken, Mormonen oder Jedi zu sein.[79]

Um fair zu sein: Hollis räumt im Anschluss ein, dass Freunde sich gegenseitig zur Verantwortung ziehen sollten. Sie schreibt, das habe jedoch seinen Platz «an einem schönen Ort im Herzen einer Freundschaft, wenn man sich mit dem Freund zusammen-setzt und liebevoll nachfragt, ob er sein Handeln schon mal in einem bestimmten Licht betrachtet hat.» Ich schätze es, dass sie diese Unterscheidung vornimmt.

Aber beachte vor dem Hintergrund ihres Zitats, dass Hollis diese Verantwortlichkeit aus dem Bereich der objektiven Wahr-heit der Religion herausnimmt. Mit anderen Worten: Es ist in Ordnung, einen christlichen Freund zur Rechenschaft zu zie-hen, solange diese Verantwortlichkeit nicht darin besteht, dass du entschieden hast, deine Interpretation des Christentums wäre richtig und seine falsch. Wie wir im 3. Kapitel gelernt ha-ben, kann das Christentum nicht von der objektiven Wahrheit getrennt werden, sondern ist sogar von ihr abhängig. Folgt man diesem Denken zu seinem logischen Ende, so verbietet Hollis' Definition von Verantwortlichkeit implizit, dass Chris-ten einander mit ihren tatsächlichen Sünden oder falschen Vor-stellungen von Gott konfrontieren.

Lieblingsbibelvers

Es scheint, als sei Matthäus 7,1 der Lieblingsbibelvers von allen (zumindest, wenn sie nicht hören wollen, dass sie im Unrecht sind). Die Worte «Urteilt nicht über andere, damit Gott euch nicht verurteilt» stammen aus dem Mund von Jesus selbst.

Dem ist nichts mehr hinzuzufügen. Ende der Diskussion, oder?

Tja, das funktioniert aber nur, wenn man die nächsten sechs Verse sowie alle anderen Worte von Jesus und einen guten Teil des Neuen Testaments rausstreicht. Eigentlich ermahnt Jesus seine Zuhörer kurz nach dem Ausspruch «Urteilt nicht», gut aufzupassen, dass ihr Urteil nicht *heuchlerisch* ist. «Entferne zuerst den Balken aus deinem Auge, dann kannst du klar sehen, um auch den Splitter aus dem Auge deines Mitmenschen zu ziehen», sagt Jesus in Vers 5. Mit anderen Worten: Zeige nicht mit dem Finger auf die Sünde im Leben deines Bruders oder deiner Schwester, wenn du dich nicht mit der größeren Sünde in deinem eigenen Leben auseinandersetzt.

Der Punkt ist jedoch: Deinem Bruder oder deiner Schwester beim Entfernen des Splitters zu helfen, setzt voraus, dass du das Vorhandensein dieses Splitters bemerkst. Also sagt Jesus nicht, dass es immer falsch ist, zu urteilen. In der Tat steht in Vers 6: «Werft, was heilig ist, nicht den Hunden hin! [...] Und werft eure Perlen nicht vor die Säue!» Wie kann jemand «Hunde» und «Säue» identifizieren, wenn er nicht zuerst richtig urteilt?

Falls es noch Unklarheiten gibt: Jesus sagt uns nur wenige Verse später, dass wir Wölfe oder falsche Lehrer an ihren Früchten erkennen (Verse 15–16). Auch hier müssen wir beurteilen, ob diese Lehrer die Wahrheit oder etwas Falsches lehren. Dann, in Johannes 7,24, könnte Jesus es nicht deutlicher sagen. Er fordert seine Zuhörer auf: «Richtet nicht nach dem äußeren Schein, sondern urteilt gerecht!» In Matthäus 18,15–17 gibt Jesus Anweisungen, wie man einen Mitgläubigen zur Rede stellt, wenn er gesündigt hat. (Vergiss nicht, zuerst den Balken aus deinem eigenen Auge zu ziehen!) Der Apostel Paulus greift diesen Gedanken in Galater 6,1 auf, wo er Christen sagt, wie mit einem Bruder umzugehen ist, der beim Sündigen ertappt wurde. Er schreibt: «Ihr sollt ihn, die ihr von Gottes Geist geleitet werdet» – denk daran: ohne Balken im eigenen Auge –, «liebevoll wieder zurechtbringen».

In 1. Korinther 5 schreibt Paulus den Gläubigen in Korinth, dass es tatsächlich *ihre Aufgabe* sei, andere Christen zu beurteilen. Er schreibt: «Denn was gehen mich die draußen an, dass ich sie sollte richten? Habt ihr nicht die zu richten, die drinnen sind? Die aber draußen sind, wird Gott richten» (Verse 12–13; LUT). Jemandem zu sagen, er solle nicht richten, ist nicht biblisch. Die Bibel befiehlt uns sogar, zu richten, aber wir sollen es sorgfältig, gerecht, demütig und ohne Heuchelei tun. Und der Sinn des gegenseitigen Richtens ist es, die Gemeinde zu schützen und den Sünder zur Umkehr zu bewegen. Es geht nicht darum, dass wir überheblich mit dem Finger auf unsere Mitgläubigen zeigen.

In der Bibel steht, dass wir bereit sein müssen, einander zur Rede zu stellen, nicht nur in Bezug auf Sünde, sondern auch bei falschen Vorstellungen von Gott. Das Neue Testament fordert dies sogar explizit. Nehmen wir zum Beispiel den gesamten zweiten Petrusbrief. Er beschäftigt sich, wie auch der Judasbrief, fast ausschließlich mit der Auseinandersetzung mit falschen Versionen des Christentums und zeigt den Geschwistern, wie sie diese Ideen bekämpfen und diejenigen zur Rede stellen können, die sie lehren.

2. Petrus 2 beginnt mit einer Warnung vor falschen Lehrern und den «verderblichen Irrlehren», die sie verbreiten (Vers 1; LUT). Petrus beschreibt Christen, die sich von ihrer Sinnlichkeit verführen lassen. Im nächsten Kapitel ermahnt er die Gläubigen: «Seid bemüht, dass ihr vor ihm unbefleckt und untadelig im Frieden gefunden werdet» (3,14; LUT). Judas erinnert uns: «Ihr aber, Geliebte, erbaut euch auf euren allerheiligsten Glauben und betet im Heiligen Geist; bewahrt euch selbst in der Liebe Gottes und hofft auf die Barmherzigkeit unseres Herrn Jesus Christus zum ewigen Leben» (Verse 20–21; SL).

Meine Bandkollegin konnte sich damals nicht über mein Fehlverhalten freuen. Hätte sie den «Splitter in meinem Auge» einfach ignoriert und nicht geurteilt, hätte mein Leben einen ganz anderen Weg einschlagen können. Sie urteilte über mein Verhalten und konfrontierte mich dann, weil sie mich liebte. Und das hat mir möglicherweise das Leben gerettet.

Wir können nur dann richtig urteilen, wenn wir uns Gott unterwerfen und aus den zeitlosen Wahrheiten der Bibel schöpfen. Wenn wir glauben, dass wir unser Leben selbst in der Hand haben, werden unsere Entscheidungen unser begrenztes Wissen widerspiegeln, was vielleicht eine Zeit lang gut gehen kann, aber am Ende auf uns zurückfallen wird. Hatte Dr. Seuss recht, als er schrieb: «Du bist auf dich allein gestellt. Und du weißt, was du weißt. Und *DU* bist derjenige, der entscheidet, wohin es geht»[80]?

Nicht so schnell.

10.
Freunde

Du bist dein eigener Herr

Egal, wie schmal das Tor, wie groß,
wie viel Bestrafung ich auch zähl.
Ich bin der Meister meines Los'.
Ich bin der Käpt'n meiner Seel.[81]

William Ernest Henley in seinem Gedicht «Invictus»
(z. Dt.: unbezwungen)

Wenn es eine Sache gibt, die ich wirklich nicht machen will, dann ist es, mich freiwillig für den Kinderdienst in der Gemeinde zu melden. Ich bin da ganz ehrlich. Lieber würde ich die Toiletten putzen, Stühle aufstellen, Parkplatzwächter sein oder Begrüßungsdienst machen. (Moment. Ach du meine Güte, nein. Nicht Begrüßungsdienst, ich bin doch introvertiert.)

Als ich kleine Kinder hatte, freute ich mich immer schon darauf, sie sonntags in ihren Gruppenräumen abzugeben und im Anschluss etwa eine Stunde lang ungestört Zeit mit Erwachsenen zu verbringen. Das Letzte, was ich tun wollte: meinen beiden Kleinen die Zähne putzen, sie anziehen und kämmen und dann ins Auto bugsieren, nur um gerade noch rechtzeitig in die Kirche zu kommen, damit ich den Mini-Menschen anderer Leute Bibelgeschichten erzählen und Gemüsesticks aus der Nase ziehen konnte. (Bete für mich.)

Aber der Herr wusste, dass dies eine Gelegenheit für meinen Heiligungsprozess war. Der Heilige Geist sagte: *Das ist der Moment, auf den wir gewartet haben!* Eben *weil* ich es nicht tun wollte, beschloss ich, mich freiwillig zu melden. Ich wurde der Gruppe der Kindergartenkinder zugeteilt, und eigentlich war es gar nicht so schlimm. Es gab ein paar Zwischenfälle mit Gemüsesticks, aber meistens musste ich nur, wie von einem Chor Fünfjähriger höflich gefordert – «Mehr bitte!» –, Snackbecher auffüllen.

Eines Morgens, als es Zeit für die «Bibelstunde» war (ja, das habe ich absichtlich in Anführungszeichen gesetzt), saßen die gesättigten Mini-Menschen im Schneidersitz auf dem runden Webteppich vor dem riesigen Flachbildschirm, der als Sonntagsschullehrer diente. Die Szene begann mit einem munteren Mann mittleren Alters, der einen Hut trug. Er erinnerte mich an einen Sketch aus *Saturday Night Live* mit Steve Martin und

Dan Aykroyd, den meine Eltern anschauten, als ich ein Kind war. Dort stellten Martin und Aykroyd die Festrunk-Brüder dar, besser bekannt als «zwei wilde und verrückte Kerle». Die energische Vaterfigur in dem Sonntagsschulvideo führte die Kinder in die Bibelgeschichte des Tages ein: Markus 2,1–12. Obwohl mich das übermäßig sonnige Gemüt des Moderators skeptisch stimmte, war ich angenehm überrascht, als er die Geschichte richtig wiedergab.

Sie ging ungefähr so: Als die Leute herausfanden, dass sich Jesus in einem Haus in Kapernaum aufhielt, strömten sie dorthin, und es waren so viele, dass niemand mehr eintreten konnte. Während Jesus predigte, trugen vier Männer einen Gelähmten herbei. Sie waren entschlossen, ihren Freund zu Jesus zu bringen. Wegen des Gedränges entfernten sie das Dach des Hauses und ließen ihn von oben in das Haus hinab. Jesus sah den Glauben, den sie zeigten, und vergab dem Gelähmten seine Sünden. Das verursachte einen ziemlichen Aufruhr unter den Schriftgelehrten, die Jesus heimlich der Gotteslästerung beschuldigten. Schließlich konnte nur Gott Sünden vergeben!

Jesus, der tatsächlich Gott *ist*, veranschaulichte das göttliche Attribut der Allwissenheit, indem er ihre Gedanken las. Er benutzte den göttlichen Titel «Menschensohn», den er anscheinend am liebsten mochte, um sich selbst zu beschreiben, und fragte, was schwerer sei – Sünden zu vergeben oder einen Gelähmten zu heilen? Dann bezeugte Jesus auf radikale Weise seine Göttlichkeit, indem er dem Gelähmten gleich beides schenkte: Jesus vergab nicht nur seine Sünden, sondern heilte auch seinen Körper.

Das ist solch eine ergiebige Bibelstelle, es passiert so viel. Man findet dort Themen wie die Göttlichkeit von Jesus, den aktiven Glauben der Freunde des Gelähmten und die Zunahme von Jesus' Ruhm und Ansehen. Bedeutsam ist auch, dass sich große Menschenmengen versammelten, die nicht nur körperliche Heilung erleben, sondern auch das Wort Gottes hören wollten; das entspricht einer Prophezeiung des Alten Testaments über den Messias, der «den Armen die frohe Botschaft» bringt (Jesaja 61,1). Ferner ist diese Begebenheit einer der Gründe für den wachsenden Hass der religiösen Führer auf Jesus, die letztendlich einen Mordkomplott gegen ihn planten.

Nachdem der Mann mit dem Hut den kleinen Menschen im Schneidersitz diese Geschichte erzählt hatte, forderte er sie fröhlich auf, über die Botschaft der Geschichte nachzudenken, bevor er ihnen sagte, was sie daraus lernen sollten. Ich wartete gespannt, was diese zukünftigen Bibelforscher nach Hause zu ihren Eltern mitnehmen könnten. Würde es die Göttlichkeit von Jesus sein? Die Vergebung der Sünden? Die Bedeutung des Glaubens? Alles Fehlanzeige. Die große Botschaft lautete: «Dies ist eine Geschichte darüber, wie wichtig es ist, [warte] … *gute Freunde zu haben.*» Entschuldigung, wie bitte?

Ich fragte mich, ob ich mich verhört hatte, bis er fortfuhr: «Jeder braucht gute Freunde, die einem helfen, wenn man schwach oder krank ist oder etwas nicht selbst machen kann. Dieser Mann hatte vier gute Freunde, und deshalb konnte er zu Jesus kommen. Darum geht es in dieser Geschichte.» Ich konnte es nicht glauben. Die Produzenten des Verkündigungsvideos hatten eine Geschichte über das Evangelium genommen und daraus eine heitere Geschichte über Freundschaft mit deinen Kumpels und deinem neuen besten Freund Jesus gemacht!

Kein Wunder, dass die Christen so verwirrt sind, was Gott wirklich für ihr Leben will. Man hat uns gelehrt, die Bibel durch die Linse des Selbst zu lesen: Was sagt diese Bibelstelle über *mich* aus? Was bedeutet sie für *mich?* Wie kann sie *mir* helfen, *mich* besser zu fühlen? Mit welcher Figur in dieser Geschichte fühle *ich* mich am meisten verbunden? Wie kann ich das Leben beim Schopf ergreifen, meinen Träumen nachjagen und mein Schicksal selbst in die Hand nehmen, während ich ein paar Bibelverse mitnehme, die mich dabei ermutigen? Im Wesentlichen hat man uns gelehrt: *Du bist dein eigener Herr. Du kannst die Bedeutung der Bibel so gestalten, dass sie zu deinem Leben passt.* Nicht nur Kindervideos ermutigen Menschen, das Leben durch die Linse ihres Selbst zu betrachten.

Erfolg aus eigener Kraft?

«Rachel Hollis erobert die Welt im Sturm.» Dies war der Anfang des Blogbeitrags, den ich 2018 schrieb, um eines der meistverkauften Bücher des Landes zu rezensieren.[82] Damals hatte sich *Girl, Wash Your Face* (deutscher Titel: Schmink's dir ab) über eine Million Mal verkauft, und Hollis hatte eine Facebook-Fangemeinde von mehr als einer Million Menschen aufgebaut. Ihre gesamte Marke gründete auf der Idee, dass Frauen einen Haufen Lügen glauben: «Wahrheit? Du, und nur du allein, bist letztlich dafür verantwortlich, wer du sein willst und wie glücklich du bist. Das ist es, was ich dir mitgeben möchte.»[83] Allein in der Einleitung wiederholt sie diesen Punkt mehrere Male. Sie schreibt: «Es ist wichtig zu erkennen, dass du dich für dein eigenes Glück entscheiden musst – dass du dein Leben selbst in der Hand hast», und: «Ich möchte aus vollem Halse schreien, bis du diese Wahrheit erkennst: Du hast dein Leben in der Hand!»[84] Arbeite hart, steh früh auf, treibe Sport und träume groß. Mit anderen Worten: Du bist dein eigener Herr.

Millionen von Menschen kauften ihr die Botschaft vom selbst

gemachten Erfolg ab, und leider mussten Millionen von Menschen später auch die negativen Auswirkungen dieser Ideologie sehen: Im Frühjahr 2021 regte sich Hollis in den sozialen Medien öffentlich über einen Kommentar auf, den sie während eines Livestreams erhalten hatte. Jemand hatte behauptet, man könne sich mit ihr nicht identifizieren, weil sie so privilegiert sei, eine Frau anzustellen, die ihr zweimal pro Woche das Haus putzt. Hollis schimpfte: «Wie kommst du auf den Gedanken, ich wollte, dass man sich mit mir identifiziert? Nein, Schwesterherz. Alles, was ich in meinem Leben tue, ist buchstäblich, ein Leben zu führen, mit dem die meisten Leute sich nicht identifizieren können.»[85] Sie prahlte damit, härter zu arbeiten und früher aufzustehen als die meisten Menschen. In der Bildunterschrift unter dem Video erwähnte sie die Namen mehrerer Frauen wie Harriet Tubman, Oprah und Malala Yousafzai, mit denen man sich ebenfalls «nicht identifizieren» könne. Der Beitrag wurde entfernt, kurz nachdem ein Mob in den sozialen Medien seine ganze Twitter-Wut auf Hollis' Marke entladen hatte. Fans, die sich mit Hollis' Geschichten über ihre Schwächen, Kämpfe und peinlichsten Momente (wie sich auf einem Trampolin in die Hose zu machen) identifiziert hatten, fühlten sich durch diese Neuigkeit verraten: Hollis wollte überhaupt nicht, dass man sich mit ihr identifizierte. Andere waren zutiefst beleidigt, dass sie sich mit Angehörigen von Minderheiten verglich, die Hindernisse überwinden mussten, mit denen Hollis nie konfrontiert worden war.

Und das von einer Frau, die in der Einleitung zu *Schmink's dir ab* schrieb: «Was, wenn ich ein ganzes Buch über all meine Schwierigkeiten schreiben und dir die Schritte erklären würde, mit denen ich sie überwunden habe?»[86] Hollis hatte ihre Marke mit Berichten darüber aufgebaut, wie sie persönliche Herausforderungen überwunden hatte, um ihre Träume zu verwirklichen. Sie wollte Frauen zeigen, dass sie das Gleiche tun können. Letztendlich bestrafte der neue Turm zu Babel Hollis damit, dass sie ganz schnell gar nicht mehr angesagt war.

Während dieses Buch entsteht, ist sie dabei, sich die Gunst vieler Unterstützer langsam wieder zu erarbeiten. Die Zeit wird zeigen, ob es ihr gelingt, das Vertrauen ihrer Anhängerschaft zurückzugewinnen. Aber jetzt gerade ist es eine traurige Momentaufnahme des verlorenen Spiels, sich selbst an die erste Stelle zu setzen und zu versuchen, sein Schicksal zu kontrollieren.

Wer hat hier das Sagen?

Wer hat für dich die Autorität in deinem Leben? Hast du schon einmal darüber nachgedacht? Wer oder was gibt dir die Richtung vor? Für manche sind es die eigenen Gefühle und Vorlieben. Für andere sind es Wissenschaft und Vernunft. Für viele ist es eine Mischung aus Gefühlen, selbstbestimmter Moral, Vernunft und dem, was für sie attraktiv ist. Viele Menschen denken wahrscheinlich nicht einmal darüber nach. Der Theologe und Philosoph, Mathematiker, Erfinder, Physiker und Schriftsteller (wow, so viele Begabungen!) aus dem 17. Jahrhundert Blaise Pascal schrieb: «Die Menschen kommen fast nie auf der Grundlage von Beweisen zu ihren Überzeugungen, sondern auf der Grundlage dessen, was sie attraktiv finden.»

Pascal machte eine wichtige Beobachtung darüber, wie Menschen bestimmen, wem sie Autorität über die Wahrheit zugestehen. Einfach ausgedrückt: Die meisten von uns analysieren nicht schlicht nur Fakten und kommen dann zu unvoreingenommenen Schlussfolgerungen. Bei dem, was wir tun oder nicht tun sollten, was wir denken und glauben sollten, pflegen wir uns vor allem auf das zu stützen, was uns angenehm ist. Wir alle haben Vorurteile ... sogar Gelehrte und Wissenschaftler.

Denk mal über Folgendes nach. Der Hauptzweck der Naturwissenschaften besteht darin, Wissen über die natürliche Welt zu erforschen. Wissenschaftler tun dies, indem sie eine Hypothese aufstellen, Vorhersagen treffen, Beweise beurteilen, Experimente durchführen und schließlich zu einer Schlussfolgerung kommen. Aber Wissenschaftler können die Beweise nicht interpretieren und dabei komplett unvoreingenommen sein, jeder Mensch hat bestimmte Vorannahmen über die Welt, die er/sie als Maßstab anlegt. Aus diesem Grund können zwei verschiedene Wissenschaftler dieselben Daten auswerten und zu zwei verschiedenen Schlussfolgerungen kommen.

Einige Wissenschaftler beginnen diesen Prozess in dem Glauben, dass es Gott nicht gibt. Sie nehmen an, dass alles Materie ist und dass alle Phänomene aus der Wechselwirkung zwischen Materie und anderer Materie entstehen. Dieser philosophische Glaube wird als Materialismus bezeichnet.

Das Problem ist, dass diese Theorie nicht in einem Labor getestet werden kann. Da man sie nicht beweisen kann, ist sie im Grunde eine Annahme und hat keine Kategorie, immaterielle Phänomene wie die Seele oder die Existenz eines immateriellen göttlichen Wesens einzuordnen. Daher schließt der Materialismus Gott zunächst einmal aus. Der Physiker Paul Davies bemerkte einmal: «Die Wissenschaft geht von der Annahme aus, dass das Leben nicht von einem Gott oder einem übernatürlichen Wesen geschaffen wurde.»[87]

John Searle, Philosophieprofessor der University of California in Berkeley, beschrieb den Materialismus als eine religiöse

Überzeugung statt einer wissenschaftlichen Tatsache, indem er ihn als «die Religion unserer Zeit» bezeichnete. Er fuhr fort: «Wie traditionellere Religionen wird er ohne Frage akzeptiert und bietet den Rahmen, innerhalb dessen Fragen gestellt, behandelt und beantwortet werden können.»[88]

Wissenschaftler sind auf immaterielle Realitäten (wie das Denken) angewiesen, um zu der wissenschaftlichen Schlussfolgerung zu gelangen, dass der Materialismus wahr ist. Was für ein Widerspruch in sich! Ist der digitale Turm zu Babel voll in Betrieb, gibt es eine unendliche Fülle an Ressourcen, die dir helfen, deine Autorität zu finden. Ausgehend von der Annahme, dass es keinen Gott gibt, werden die meisten sagen, dass diese Autorität in dir selbst zu finden ist. Aber ist das wahr?

Die Bibel ist dein Chef

Freunde, wenn ihr Jesus nachfolgt, hat er das Sagen. Jesus ist euer Chef, und er sagt, dass auch die Bibel euer Chef ist.

Mehr als das, denn die Bibel handelt nicht von dir. Es geht in ihr auch nicht um mich. Sie ist weder einfach ein Buch der Weisheit, das uns den Weg durchs Leben weist, noch ist sie ein uraltes spirituelles Reisetagebuch, geschrieben von Menschen, die ihr Bestes gaben, um Gott in den Zeiten und an den Orten ihres Lebens zu verstehen. Die Bibel ist ein Buch über Gott. Genauer gesagt, ist sie ein Buch über Jesus. Sie offenbart das Wesen und den Charakter Gottes, seinen Heilsplan und die Weltgeschichte vom Anfang bis zum Ende. Sie wurde von Gott inspiriert und ist deshalb ohne Fehler, Widersprüche oder Irrtümer. Ich weiß, das klingt nach einer kühnen Behauptung, aber ich hoffe, dass ich es dir beweisen kann, wenn wir uns ansehen, was Jesus über die Bibel zu sagen hatte.

Zu der Zeit, in der Jesus die Bibel zitierte oder kommentierte, gab es das Neue Testament noch nicht. Seine Kommentare bezogen sich also auf die «jüdischen Schriften», die Bücher des Alten Testaments. Die entscheidende Frage ist: Was dachte Jesus über diese Bücher? Hielt er sie für provisorisch, für einen Irrtum oder einfach nur für die subjektiven, theologischen Beobachtungen religiöser Menschen?

Zuerst nannte Jesus die Schrift das «Wort Gottes». In Matthäus 15,3 schalt er die religiösen Führer dafür, dass sie die Gebote Gottes gebrochen hatten. In Vers 4 fuhr er fort: «Gott hat doch gesagt: ‹Ehre deinen Vater und deine Mutter!› Und an anderer Stelle: ‹Wer seinen Vater oder seine Mutter verflucht, der muss sterben.›» Er bezog sich auf die Prophetien aus 2. Mose 20,12, 2. Mose 21,17, 3. Mose 19,3 und 5. Mose 5,16. Man kann hier feststellen, dass Jesus mit Blick auf drei verschiedene Bücher aus dem Alten Testament sagte: «Gott hat doch gesagt ...» Er sagte nicht: «Antike Schriftgelehrte, die Gott zu ihrer Zeit und in ihrer Gegend zu ergründen versuchten, haben doch gesagt ...»

In Markus 7,8–13 kritisierte Jesus die Pharisäer dafür, «Gottes Gebote» verlassen und ihre eigenen Traditionen zur Schrift hinzugefügt zu haben. Er warf ihnen vor, «*Gottes Gebote* außer Kraft zu setzen, um [ihre] Vorschriften aufrechtzuerhalten» (Betonung hinzugefügt). Bevor er 2. Mose 3,6 in Matthäus 22,31–32 zitierte, fragte er: «Habt ihr nicht gelesen, was Gott euch in der Heiligen Schrift sagt?» Jesus bezeichnete die Schriften des Alten Testaments fortwährend als das Wort Gottes. Wenn man bedenkt, dass Jesus Gott *ist*, leuchtet es da nicht ein, dass er von seinen Nachfolgern erwartet, sein eigenes Wort ernst zu nehmen?

Jesus deutete auch an, dass die Bücher des Alten Testamentes von Gott inspiriert waren. Eines Tages, als er vor einer größeren Menschenmenge im Tempelvorhof sprach, lieferte er sich mit einigen Pharisäern ein Wortgefecht. Im Grunde berief er sich auf die Inspiration der Heiligen Schrift durch Gott, um ihnen begreiflich zu machen, dass der Messias mehr als nur ein Nachkomme Davids ist. Er argumentierte: «Warum hat David ihn dann, geleitet vom Geist Gottes, ‹Herr› genannt?» (Matthäus 22,43).

Hier definierte Jesus selbst göttliche Inspiration. Er bestätigte, dass David, genauso wie andere Schreiber biblischer Bücher, «im Geist» sprach, als er die Bibel schrieb. Der Bibelgelehrte John Wenham stellte fest, dass Jesus sich auf die göttliche Eingebung der Schrift bezog, wann immer er «Es steht geschrieben» sagte: «Es wird […] deutlich, dass Jesus ‹Es steht geschrieben› gleichbedeutend mit ‹Gott sagt› verstand.»[89]

Des Weiteren erklärte Jesus die Schrift für historisch verlässlich. Er bezog sich immer wieder auf die Charaktere des Alten Testamentes als echte Menschen, die tatsächlich gelebt haben. Er sprach von Abel (Lukas 11,51), Noah (Matthäus 24,37–38; Lukas 17,26–27), Abraham (Johannes 8,56), Lot (Lukas 17,28–29), Isaak (Matthäus 8,11), Jakob (Lukas 13,28), Mose (Johannes 7,22), David (Matthäus 12,3–4; 22,43; Markus 12,36; Lukas 20,42); Salomo (Matthäus 6,29; 12,42; Lukas 11,31; 12,27), Elia (Lukas 4,25–26); Elisa (Lukas 4,27), Jona (Matthäus 12,39–41; Lukas 11,29–30.32) und Secharja (Lukas 11,51).

Er beschrieb Ereignisse als historische Begebenheiten wie die Einführung der Beschneidung (Johannes 7,22), das Gericht über Sodom und Gomorra (Matthäus 10,15), das Wunder des Manna (Johannes 6,31), Mose, der die Schlange in der Wüste aufrichtete, (Johannes 3,14) und David, der geweihtes Brot aß, (Matthäus 12,3–4; Markus 2,25–26; Lukas 6,3–4).

Und als ob das noch nicht genug wäre, bestätigte Jesus zwei der umstrittensten Geschichten aus dem Alten Testament. Mancher Skeptiker bezweifelt, dass die große Flut bei Noah und die Geschichte von Jona wirklich passiert sind – und dennoch bestätigte Jesus, dass beide historisch sind (Matthäus 24,37–39; Matthäus 12,40). Er verglich sogar die Historizität der Geschichte von Jona mit der Historizität seiner eigenen Auferstehung. Von dieser schreibt Paulus, ob sie stattgefunden habe, sei ausschlaggebend für Bestätigung oder Widerlegung des Christentums (1. Korinther 15,14)!

Jesus führte auch die Anschauung ein, dass die Schriften ohne Fehler sind. Denk an die Sadduzäer, die nicht an die Auferstehung der Toten glaubten! Als sie Jesus zu hintergehen versuchten, wies er sie mit diesen Worten zurecht: «Ihr irrt euch, denn ihr kennt weder die Heilige Schrift noch die Macht Gottes» (Matthäus 22,29). Warum sollte er ihren Irrtum mit der Schrift vergleichen, wenn er diese für fehlerhaft halten würde? Jesus' Sicht von Gottes Wort kann mit Hilfe einer Aussage verstanden werden, die er gemacht hat, als er für die Behauptung, mit dem Vater eins zu sein, von den Juden fast gesteinigt worden wäre. In Johannes 10,35 sagte er: «Die Schrift kann doch nicht gebrochen werden» (LUT).

Jesus bestätigte außerdem die Vorstellung, dass Gottes Wort nie vergehen wird – was ein geläufiger Gedanke im Alten und Neuen Testament ist. Er hätte dies nicht deutlicher bekräftigen können als in Matthäus 5,17–18: «Meint nur nicht, ich sei gekommen, das Gesetz und die Worte der Propheten aufzuheben. Nein, ich will sie nicht aufheben, sondern voll zur Geltung bringen! Ich versichere euch: Nicht der kleinste Buchstabe im Gesetz Gottes – auch nicht ein Strichlein davon – wird je an Gültigkeit verlieren, solange Himmel und Erde bestehen. Alles muss sich erfüllen.» Dies spricht von der Unvergänglichkeit der Schriften des Alten Testaments. Jesus sagte auch: «Eher vergehen Himmel und Erde, als dass auch nur ein Strichlein vom Gesetz Gottes ungültig wird» (Lukas 16,17). Damit behauptete Jesus, dass er nicht gekommen sei, um die Schriften zu ignorieren, zu leugnen oder zu bekämpfen, sondern um sie vollständig zu erfüllen.

Nach seiner Auferstehung begegnete Jesus auf der Straße nach Emmaus zwei Jüngern, die ihn nicht erkannten (Lukas 24,13–35). Sie sprachen über ihre Enttäuschung, dass Jesus gekreuzigt worden war, obwohl sie gehofft hatten, dass er derjenige sein würde, der Israel erlöst. In Vers 25 schilt er sie «trägen Herzens, all dem zu glauben, was die Propheten geredet haben!» (LUT). In Vers 27 steht: «Dann erklärte ihnen Jesus, was durch die ganze Schrift hindurch über ihn gesagt wird – von den Büchern Mose angefangen bis zu den Propheten» (LUT).

Es ist faszinierend: Nach seiner Auferstehung wollte Jesus diesen Jüngern als Erstes klarmachen, dass es im Alten Testament um *ihn* geht. Manche Bibelwissenschaftler vermuten, dass Jesus sich nicht zu erkennen gab, weil er wollte, dass der Glaube der Jünger zuerst auf der Schrift beruhte.[90]

Bei seiner Versuchung in der Wüste (Matthäus 4,1–11) berief sich Jesus auf die Autorität der Bibel, um den Angriff des Teufels abzuwehren. Als Gott in Menschengestalt hätte er eine Legion von Engeln herbeirufen oder jedes andere Verteidigungsmittel anwenden können. Stattdessen entschied er sich, aus dem Alten Testament zu zitieren. Dass Jesus mit «Es steht geschrieben» auf den Teufel reagierte, weist für den Neutestamentler Leon Morris «auf die Verlässlichkeit und Unveränderlichkeit der

Schriften hin. Eine Bibelstelle gefunden zu haben, die einen Bezug zur aktuellen Situation herstellt, beendet für Jesus die Diskussion.»[91]

Angesichts dessen, was Jesus über die Schrift glaubte, wird sehr deutlich, dass er von seinen Nachfolgern erwartete, dass sie der Schrift gehorchten. Wenn Jesus glaubte, dass die Schrift das inspirierte, unumstößliche, unvergängliche, unveränderbare, unfehlbare und historisch verlässliche Wort Gottes ist, sollten wir das dann nicht auch glauben?

Die Bibel verstehen

Auch wenn die Bibel von Gott inspiriert und maßgebend für unser Leben ist, muss sie doch noch interpretiert werden. Wir müssen die Worte lesen und verstehen, was sie bedeuten, bevor wir sie auf unsere Umstände anwenden. Das mag einfach klingen, aber man sollte eine ganze Reihe von Dingen beachten, wenn man die Schrift interpretiert. Zuerst müssen wir verstehen, dass die Bibel nicht einfach nur ein einzelnes Buch ist. Sie ist eine Büchersammlung, die über einen Zeitraum von fünfzehnhundert Jahren von etwa vierzig verschiedenen Autoren, die in verschiedenen Gegenden lebten, geschrieben wurde. Bei der Interpretation der Bibel ist es wichtig, das Folgende zu bedenken:

1. Die Textsorte kennen. Jedes Buch der Bibel gehört zu einer bestimmten Textsorte. Zum Beispiel sind manche biblische Schriften Poesie, andere hingegen historische Berichte. Manche sind Biografien, andere Sendschreiben (Briefe) und wieder andere Gesetzestexte. Wenn du *Leb deine Wahrheit* als Geschichtsbuch liest, wird du wahrscheinlich irritiert sein. Denn es ist keine historische Darstellung. Oder wenn du die biblischen Geschichtsberichte liest, als seien sie ein Gesetzestext, könntest du in ernsthafte Schwierigkeiten geraten.

Hier ein großartiger Vers, den man auf ein Kissen sticken kann: «Ihr Benjaminiter, legt euch in den Weinbergen auf die Lauer! Wenn die Mädchen aus Silo herauskommen, um zu tanzen, springt ihr hervor, und jeder von euch packt eine von ihnen. Dann nehmt sie mit in euer Stammesgebiet» (Richter 21,20–21). Ich mache nur Spaß. Stick das nicht auf ein Kissen! Als ich das zum ersten Mal gelesen habe, dachte ich: *Was?! Die Bibel befiehlt Männern, «Mädchen zu packen»?* Hier bekommt die Textsorte eine wichtige Bedeutung. Diese Textstelle befindet sich im Buch der Richter, welches Teil eines größeren historischen Werkes ist, das sich deuteronomistisches Geschichtswerk nennt, zu dem auch das Deuteronomium (5. Mose), Josua, die zwei Bücher Samuel sowie die zwei Bücher der Könige zählen.

Beim Aufzeichnen der Geschichte wird akkurat festgehalten, welch schreckliche Dinge Menschen tun. Wenn man also die Bibel interpretiert, ist es superwichtig, daran zu denken, dass Gott nicht alles befürwortet, was in der Bibel aufgeschrieben wurde. Manche Passagen sind beschreibend, das heißt, sie beschreiben einfach ein bestimmtes Verhalten. Andere sind vorschreibend, das heißt, sie schreiben vor beziehungsweise befürworten ein bestimmtes Verhalten. Bei diesem Vers aus dem Buch Richter handelt es sich um eine Textstelle, die ein Ereignis *beschreibt* und nicht ein bestimmtes Verhalten *vorschreibt*. Wir kommen noch auf diese Stelle zurück, wenn wir weitere Prinzipien biblischer Interpretation kennengelernt haben.

2. Sprachkenntnisse anwenden. Es ist offensichtlich: Die Bibel zu lesen und zu interpretieren erfordert etwas Sprachkenntnis. Zum Beispiel bedeutet die Bibel zu lesen nicht, alles in ihr *wort-wörtlich* zu verstehen. Merriam-Websters Definition des englischen Wortes «literal» (z. Dt.: wörtlich) beinhaltet, «sich an die Tatsachen oder die gewöhnliche Auslegung oder die ursprüngliche Bedeutung eines Ausdrucks oder Begriffs zu halten; ohne Übertreibung oder Ausschmückung; gekennzeichnet durch eine Beschäftigung mit Fakten».[92] Manchmal wird in der ursprünglichen Bedeutung eines Ausdrucks ein sprachliches Bild verwendet, und es ist trotzdem eine sachliche Aussage. Was ich damit meine: Stell dir vor, du sprichst mit einem Freund und sagst: «Hey, draußen schüttet es wie aus Kübeln!» Dein Freund erwidert: «Was? Das kann nicht sein. Das ist ein unwissenschaftliches und dummes Verständnis von Niederschlag.» Natürlich wärst du verwundert, dass dein Freund diesen Ausdruck nicht kennt. Obwohl du es nicht wortwörtlich gemeint hast, hast du eine Tatsache kommuniziert: Draußen regnet es stark.

Auch in der Bibel werden sprachliche Mittel wie Redensarten und Metaphern benutzt. In der Tat wird Jesus in der Schrift als Tür, Hirte, Stein, Brot, Löwe und als Weinstock beschrieben. Seine Nachfolger werden als Salz, Licht, Reben und Schafe bezeichnet.[93] Wenn du nicht denkst, dass Jesus buchstäblich Reißzähne und Pranken hat und seine Nachfolger ein wollenes Fell und Hufe, verstehst du diese Metaphern instinktiv. Aber manchmal ist es nicht so einfach.

3. Die Schrift mit der Schrift vergleichen. Lass uns ehrlich sein. Manche Teile der Bibel sind einfacher zu verstehen als andere. Das Evangelium? Sonnenklar. Warum wurde Männern im Buch Richter gesagt, sie sollten «Mädchen packen»? Etwas weniger klar. Deshalb ist es besonders wichtig, einen schwierigen Bibelvers im Licht der allgemeinen Lehre der *ganzen* Schrift und dessen, was darin über das Wesen und den Charakter Gottes gezeigt wird, zu betrachten. Mit anderen Worten: Es ist wichtig, dass wir die Schrift durch Gottes Augen lesen und nicht durch die Linse unserer aktuellen Zeit.

In 2. Timotheus 3,16–17 steht: «Die ganze Heilige Schrift ist von Gott eingegeben. Sie soll uns unterweisen; sie hilft uns, unsere Schuld einzusehen, wieder auf den richtigen Weg zu kommen und so zu leben, wie es Gott gefällt. So werden wir reife Christen und als Diener Gottes fähig, in jeder Beziehung Gutes zu tun.» Da die ganze Schrift von Gott eingegeben ist, ist sie Gottes Wort. Er widerspricht sich nicht, daher können wir Bibelstellen vor dem Hintergrund anderer Bibelstellen interpretieren. Der ganze Ratschluss von Gottes Wort liefert uns ein lückenloses und umfassendes Verständnis von allem, was Gott uns wissen lassen will.

Nun zurück zu diesem lästigen Mädchen-packen-Vers. Lasst uns ihn mit dem Rest dessen, was in der Schrift offenbart wird, vergleichen. Wir wissen aus 1. Mose 2,22–24, dass die Ehe von Gott eingerichtet wurde, um Mann und Frau als «ein Fleisch» zu verbinden. In Epheser 5,25 wird den Ehemännern befohlen, ihre Frauen zu lieben, wie Christus die Gemeinde liebt. In 5. Mose 24,5 wird die Zufriedenheit der Frau in der Ehe wertgeschätzt. In 2. Mose 21,16 wird Menschenraub verboten und viele Male in der Bibel wird unsere Beziehung zu Christus mit einer Ehe verglichen. Die allgemeine Aussage der Bibel ist, dass die Ehe als eine treue, intime und heilige Partnerschaft eingerichtet wurde. Vor dem Hintergrund der ganzen Schrift kann man gut schlussfolgern, dass hinter Richter 21 mehr steht, als man auf den ersten Blick sieht.

4. Den Kontext berücksichtigen. Um wirklich zu verstehen, worum es in einer bestimmten Bibelstelle geht, müssen wir die übergeordnete Ebene ins Visier nehmen, d. h., wo die bestimmte Stelle im Aufbau des Buches erscheint und wie der historische Kontext ist, in welchem die bestimmte Stelle geschrieben wurde. Der Zusammenhang, was vor und nach einer Bibelstelle steht, ist auch wichtig. Manchmal kann es bedeuten, dass wir ein Kapitel vor und nach einer Bibelstelle lesen müssen, um uns einen Überblick über das zu verschaffen, was mit dem Vers eigentlich vermittelt wird. Bezüglich dieser Mädchen-packen-Sache in Richter 21 gibt es hier den dringend benötigten Kontext:

Die übergeordnete Sicht: Diese Bibelstelle befindet sich im letzten Kapitel des Buches der Richter, in einer Kapitelgruppe, welche die gesetzloseste und dunkelste Zeit der Geschichte Israels beschreibt. Wenn man diese bestimmte biblische Erzählung verfilmen würde, dürfte man sie garantiert erst ab 16 oder sogar erst ab 18 Jahren schauen. Es war ein Zeitalter der Anarchie und diese Kapitel veranschaulichen, wie unfähig Israel war, in der Bundesbeziehung mit Gott zu leben.

Historischer Kontext: Am Anfang des Kapitels legten die Männer von Israel einen Eid ab, ihre Töchter nicht an die Benjaminiter zu verheiraten. Dabei beginnt der ganze Konflikt irgendwann in Richter 19, wo beschrieben wird, wie die Geliebte eines Mannes von Männern des Stammes Benjamin missbraucht, vergewaltigt und getötet wurde. Der Mann teilte ihren Körper in zwölf Teile (habe ich erwähnt, dass dies eine dunkle Zeitepoche in Israels Geschichte war?) und sandte diese in alle Gebiete Israels. So begann ein Krieg zwischen dem Stamm Benjamin und dem Rest Israels. Nach einer brutalen und blutigen Schlacht, bei der mehrere Tausend Menschen starben, gab es nicht mehr viele Benjaminiter und keine Frauen mehr, die sie heiraten konnten.

Israel hatte geschworen, ihre Töchter nicht den Benjaminitern zur Heirat zu geben; sie wollten jedoch die Blutlinie dieses Stammes nicht ausgelöscht sehen. Also nahmen sie die Angelegenheit in die eigenen Hände und schlugen den Benjaminitern vor, Frauen von den jungen Frauen aus Silo zu «packen». Mithilfe dieses Tricks «gaben» sie ihnen ja keine Frauen.

Liebe Leserin, lieber Leser, bitte nimm zur Kenntnis: Gott hatte ihnen nicht gesagt, dass sie das tun sollten. Auch keiner seiner Propheten. Alles, was wir über das Wesen und den Charakter Gottes lesen sowie über seine Einstellung zu Frauen und Ehe, würde den Israeliten verbieten, so etwas Übles zu tun. Aber natürlich waren sie frei, nach ihrem Willen zu handeln, wodurch sie überhaupt in diesen Schlamassel geraten waren. Zu wissen, *wer* die Anweisung in diesem Vers gab, ist von grundlegender Bedeutung für dessen Interpretation.

Das Rätsel dieser Bibelstelle wird gelöst, indem man berücksichtigt, was am Ende des Kapitels in Vers 25 erklärt wird: «In jener Zeit gab es keinen König in Israel, und jeder tat, was er für richtig hielt». Mit anderen Worten: Es war eine Zeit völliger Gesetzlosigkeit und Bösartigkeit. Das passiert, wenn Menschen gegen Gott rebellieren. Es ist schreckenerregend. Das sollte es auch. Wir sollten über diese Bibelstelle erschrecken … nicht, weil sie in der Bibel steht und wir daher denken, Gott heiße sie gut. Nein. Sie ist aufwühlend, weil sie uns zeigt, was passiert, wenn wir die Dinge selbst in die Hand nehmen und nach unseren Wünschen und unserem inneren Verlangen handeln. Unsere Herzen sind böse. Diese Bibelstelle illustriert dies ungeschönt.

5. Die Bibelstelle aufs Leben anwenden. Dieses Kapitel ist echt düster geworden, oder? Danke, dass du so lange durchgehalten hast. All das ist jedoch wichtig, weil es betont, wie wichtig es ist, die grundlegenden Interpretationsprinzipien beim Bibellesen zu verstehen. Und wir haben noch nicht einmal über die Anwendung gesprochen. In ihrem Eifer, die Bibel auf ihr Leben anzuwenden, überspringen viele Christen diese Prinzipien ganz und fragen gleich: *Was bedeutet das für mein Leben?* Die Schrift durch die Linse des Selbst zu betrachten, wird einem jedoch eine schwache Sicht auf Gott verschaffen. Glaub mir. Bei mir war das auch so.

Als ich jünger war, hatte ich keine Ahnung von diesen Prinzipien. Ich riss eine alttestamentliche Schlacht aus ihrem historischen Kontext und wandte sie direkt auf irgendeine geistliche Schlacht an, in der ich mich befand. Ich beanspruchte Verheißungen, die nicht mir gemacht worden waren, und hielt mich an ihnen fest, als würde mein Leben von ihnen abhängen. Ich dachte nicht einmal daran, in Betracht zu ziehen, dass viele der Versprechen, die Israel im Alten Testament gemacht wurden, gar nicht mir persönlich galten. Ich las nach solchen Textstellen mit einer Verheißung nicht weiter und stellte damit nicht fest, dass für Ungehorsam oft ein Fluch in Aussicht gestellt wurde.

Es ist leicht, als Garantie für Erfolg und Wohlergehen einen Anspruch auf Jeremia 29,11 zu erheben: «Denn ich weiß wohl, was ich für Gedanken über euch habe, spricht der HERR: Gedanken des Friedens und nicht des Leides, dass ich euch gebe Zukunft und Hoffnung» (LUT).

Aber lasst uns unsere oben beschriebenen Prinzipien nehmen und sie berücksichtigen (bevor wir den Vers auf unser eigenes Leben anwenden).

Lasst uns als Erstes den historischen Kontext betrachten:

Dieser Vers ist Teil einer historischen Erzählung aus der Zeit, bevor und nachdem Israel von den Babyloniern gefangen genommen wurde, als Jeremia als Prophet diente. Erinnerst du dich daran, wie der Teenager Daniel gefangen genommen und nach Babylon gebracht wurde, wo er das Fleisch von der Tafel des Königs nicht aß und seine Freunde sich nicht vor dem goldenen Götzen verbeugten? Das war etwa zur gleichen Zeit. Wir finden dieses spezielle Versprechen in einem Brief, den Jeremia an die Exilanten schrieb und in dem er sie ermutigte, ihr Leben zu leben und Gott zu vertrauen. Der Prophet versicherte ihnen, dass Gott sie nach 70 Jahren der Gefangenschaft zurück ins verheißene Land führen würde. (Das ist der unmittelbare Kontext.)

Nun kommt der unterhaltsame Teil. Wenn wir diese Bibelstelle mit der Gesamtheit der Schrift vergleichen, beginnt sich eine Geschichte zu entfalten. Wir wissen, dass es letzten Endes um Jesus geht, und im Kontext der gesamten Geschichte der Bibel wissen wir, dass Gott den Messias durch das jüdische Volk verheißen hat. Er kannte die Pläne, die er für Israel hatte. Die Israeliten waren aufgrund ihres Ungehorsams in Gefangenschaft, aber er würde sie wiederherstellen. Sein Errettungsplan würde nicht vereitelt werden. Diese Situation war Teil seines Plans. Wie wunderbar wird hier Gottes Souveränität dargestellt! Dieses Prinzip können wir sofort auf unser Leben anwenden: Gott ist souverän und vertrauenswürdig, darauf können wir uns verlassen.

Wie wendet nun ein Christ Jeremia 29,11 heute an? Wenn wir die Bibelstelle in den Kontext dessen stellen, was wir aus der ganzen Bibel, von 1. Mose bis Offenbarung, wissen, erfahren wir, dass Gott tatsächlich einen Plan für uns hat … und zwar tatsächlich eine Zukunft voller Hoffnung. Das wird uns nur nicht unbedingt für dieses Leben versprochen (und wir sind nicht in Gefangenschaft in Babylon, so viel dazu). Aber *auf eine gewisse Art und Weise* sind auch wir in Gefangenschaft wie diese Israeliten. In 1. Petrus 2,11 steht, dass wir «Fremdlinge und Pilger» (LUT) auf dieser Erde sind. 2. Petrus 3,13 lehrt uns, die Zukunftshoffnung einer neuen Schöpfung zu erwarten. Wir können uns an dieses wunderschöne Versprechen an Israel erinnern und uns sicher sein, dass der gleiche Gott, der sie in die und aus der Gefangenschaft geführt hat, auch für unser Schicksal verantwortlich ist. Er verändert sich nicht und wir können uns auf seine Souveränität verlassen sowie auf seinen Plan, uns zu einem neuen Himmel und zu einer neuen Erde zu bringen (Offenbarung 21–22).

Ein klares Ziel

Das Wissen, dass Gott unsere Zukunft in der Hand hat, sollte uns beruhigen. Ich schlage vor, wir schauen uns Paulus als ein großartiges Beispiel für jemanden an, der das zutiefst verstanden hat. Der Apostel Paulus wurde gekidnappt, geschlagen, ausgepeitscht, ins Gefängnis geworfen, ausgelacht, erlitt Schiffbruch und wurde gesteinigt – alles, bevor man ihn schließlich noch köpfte. Stell dir vor, Paulus hätte das kulturelle Mantra «Du bist dein eigener Herr» angenommen! Meine Güte, er wäre wahrscheinlich eher seinem Herzen gefolgt, um nicht geschlagen und gesteinigt zu werden. Aber als er im Gefängnis saß, weil er das Evangelium gepredigt hatte, sah er das stattdessen als Gelegenheit, eine Gefängnismission zu gründen.

Wir sind nicht der Chef. Jesus ist unser Chef und er sagt, die Bibel ist unser Chef. Und wir können den Rest unseres Lebens damit verbringen, die Tiefen ihrer Weisheit und von Gott eingegebenen Wahrheit zu ergründen. Der Pastor und Theologe James Montgomery Boice drückt es so aus:

> Die Bibel ist mehr als ein Gebilde offenbarter Wahrheit, eine von Gott verbal inspirierte Büchersammlung. Sie ist auch die lebendige Stimme Gottes. Der lebendige Gott spricht durch ihre Seiten. Daher sollte sie nicht als heiliger Gegenstand gesehen und in ein Regal gestellt und vernachlässigt, sondern als Heiligtum betrachtet werden, wo die Herzen und Gedanken von Menschen in hochwichtigen Kontakt mit dem lebendigen, gnädigen und verstörenden Gott kommen.[94]

Was für ein Segen, dass wir uns auf eine unveränderliche Autorität stützen können. Eine Autorität, die vollkommen wahrhaftig ist. Ganz und gar perfekt und unfehlbar. Und auf die beständigen Wahrheiten von Gottes Wort zu setzen hat den großen Vorteil, dass seine Definitionen sich nicht verändern. Die Liebe, die in der Bibel beschrieben ist, wird immer echte Liebe sein … trotz aller Bemühungen unserer Zeit, dieses kleine Wort mit den fünf Buchstaben umzudefinieren.

11.
Jukebox

Nur die Liebe zählt

Alles, was du brauchst, ist Liebe.
Aber ein bisschen Schokolade ab und zu kann auch nicht
schaden.

Charles M. Schulz zugeschrieben

Als ich acht oder neun Jahre alt war, verwandelte sich meine Mutter plötzlich von einer ernährungsbewussten Hippie-Mutter zu einer «Ich kenne den Pizzamann um die Ecke mit Vornamen»-Mutter. Und dies schien über Nacht zu geschehen. Zum Beispiel gab es an meinem siebten Geburtstag noch einen nahrhaften Bananen-Gewürzkuchen, der mit Honig gesüßt und mit Johannisbrot-Chips verziert war. Aber wenig später gingen wir plötzlich regelmäßig zur Pizzeria um die Ecke – wenn wir nicht bei McDonald's bestellten oder durch den Drive-in fuhren.

Zurückblickend erkenne ich selbstverständlich, dass sie gerade ihr viertes Kind bekommen hatte und dass die vorherigen Regeln nun außer Kraft gesetzt worden waren. Wie der Comedian Jim Gaffigan es treffend zusammenfasst: «Willst du wissen, wie es ist, ein Viertes zu kriegen? Stell dir vor, du ertrinkst ... und dann gibt dir jemand ein Baby.»[95] (Ich erlebte eine ähnliche Veränderung. Bei meinem ersten Kind benutzte ich eine mechanische Getreidemühle, um Hirsekeimlinge und Weizenkörner zu mahlen. Als mein zweites geboren wurde, tunkte ich den Schnuller in geschmolzene Eiscreme, um einen Moment Ruhe zu haben.) Für meine Mutter, die drei kleine, ungestüme Töchter und ein Neugeborenes hatte und deren Ehemann die meiste Zeit unterwegs war, muss Pizza wie ein Gottesgeschenk gewesen ein. (Pizza und Calgon-Badesalz.)

Damals besaß kaum jemand eine Spielkonsole (Bist du reich?!) und iPods gab es noch nicht. Daher dienten Pizzerien mehreren Zwecken: Hier gab es Spiele, Musik und kohlenhydratreiches Seelenfutter. Oft gab es kleine Spielautomaten mit PAC-MAN, Galaga, Frogger und Donkey Kong. Wenn (und ich meine wirklich, *wenn*) das Budget es zuließ, ein paar Cent für Spiele auszugeben, war das für uns wie vorgezogene Weihnachten. Ich mochte die Spiele, aber noch mehr liebte ich die

Jukebox – eine hochmoderne Wurlitzer Zodiac 3500. Für einen Vierteldollar konnte man ein Lied aus der Liste wählen und es über die Lautsprecher im Raum abspielen. Mein Lieblingslied zu der Zeit war Kenny Rogers' *Through the Years*, weil es mich mit all den albernen, romantischen Schwingungen der Liebe erfüllte, die ein Fast-Teenager nur haben kann. Ich hob mir immer eine Vierteldollar-Münze auf, um alle um mich herum einzuladen, die tadellose stimmliche Leistung des einzigartigen Kenny Rogers zu würdigen.

Eines Abends war die Nutzung der Jukebox aus irgendeinem Grund, den ich nie erfahren werde, kostenlos. Man brauchte keine Münze. Du kannst dir vorstellen, was das bedeutete. Ich konnte *Through the Years* ein Dutzend Mal abspielen, und genau das tat ich. Ich war nicht zu stoppen. Ich muss dreißig Minuten am Stück an dieser Musikmaschine gestanden und den Knopf immer wieder gedrückt haben. Ich konnte es von der Zeit, in der uns die Pizza serviert wurde, bis zum Verlassen des Restaurants genießen … und wahrscheinlich lief es noch ein paar Stunden danach.

Beim nächsten Pizza-Abend ging ich direkt zur Jukebox, aber ich suchte umsonst nach meinem Lieblingslied. Täuschten mich meine Augen? Es war nicht mehr da. Wer um alles auf der Welt hatte das beste Liebeslied, das jemals geschrieben wurde, entfernt? Anscheinend hatte der Restaurantchef genug gehabt von diesem Titel, nachdem seine Pizzeria stundenlang von den sanften und rauchigen Gesangseinlagen des Country-Sängers überflutet worden war.

Etwa zu der Zeit, als ich mich im Glanze dieses Liebesliedes sonnte, bei dem ich Gänsehaut und all diese Gefühle bekam, las ich in meiner Bibel, dass Gott Liebe ist. Ich verstand das auf einer gewissen Ebene, aber ich denke, ich verwechselte es auch mit dem emotionalen Rausch, der mich aufgrund der romantischen Musik, der Filme und Fernsehserien, die ich konsumierte, überkam. Ich las oft in der Bibel, schon als Kind, aber meine Definition von Liebe war wahrscheinlich mehr von den romantischen Komödien der Achtzigerjahre beeinflusst als von der Bibel. Daher brauchte ich Jahre, um zu verstehen, dass Gott mich nicht liebt, weil ich süß, sportlich, aufgeschlossen oder schlau bin. Seine Liebe zu mir hängt nicht davon ab, wie viele gute Dinge ich tue, oder gar davon, wie liebevoll ich bin. Liebe ist nicht nur etwas, das Gott tut. Er *ist* Liebe.

Was ist Liebe

«Es geht um Liebe, du voreingenommener Sch***kerl!» Diese handschriftliche Notiz, natürlich ohne die Sternchen, erhielt mein Freund, der Pastor ist, eines Sonntags, nachdem er eine Predigt über biblische Sexualität gehalten hatte. Dieser Pastor ist ein herzensguter, älterer Herr, der seine Lehre mit äußerster Sorgfalt und Sanftheit vermittelte. Aber dennoch. Weil er lehrte, dass Gott die Ehe als lebenslangen Bund zwischen Mann und Frau definiert, löste er einen Feuersturm der Kontroverse in seiner kleinen Gemeinde aus.

Allein beim Lesen dieses Satzes auf dem Zettel kommen allerlei Fragen auf. Wenn jemand glaubt, dass es um Liebe geht, warum beschimpft er dann einen Pastor? Ich meine, wenn es wirklich um Liebe geht, sollte der Schreiber *ihm* dann nicht in Liebe begegnen? Oder definieren wir Liebe anders als früher?

Als ich von dem Brief an meinen Freund hörte, musste ich an eine andere Notiz denken, von der ich in dem weiter oben erwähnten Buch *Untamed* (deutscher Titel: Ungezähmt) gelesen hatte. Die Buchautorin, Glennon Doyle, erinnert sich an einen Brief, den sie von einer Bekannten aus ihrer ehemaligen Gemeinde bekam. Die Frau war durcheinander, weil sie Doyle mit Liebe begegnen und ihre Entscheidung, ihren Mann zu verlassen und eine Frau zu heiraten, befürworten wollte. Aber auf der anderen Seite hielten ihre christlichen Überzeugungen sie davon ab, eine Beziehung zu feiern, welche die Bibel als sündig bezeichnet.

Die Frau schrieb: «Ich möchte dich so gern bedingungslos lieben – aber dazu müsste ich meine Überzeugungen aufgeben. Wie soll ich umgehen mit diesem … Gotteskonflikt?»[96] Doyle erklärte ihrer Bekannten, dass diese keine echte Liebe zeigen würde, wenn sie ihre Beziehung nicht befürworten würde, und dankte ihr für ihre Aufrichtigkeit. In ihrer Antwort gab Doyle ein gutes Beispiel für die aktuelle kulturelle Definition von Liebe:

Erstens: Danke dafür, dass dir bewusst ist, eine Wahl zu haben. Danke dafür, dass du dich nicht mit: *Ich liebe dich, aber …* rausredest. Wir wissen beide, dass Liebe kein Aber kennt. Wenn du mich verändern willst, liebst du mich nicht. Wenn du warme Gefühle für mich hegst und gleichzeitig glaubst, dass ich in der Hölle schmoren werde, liebst du mich nicht. Wenn du mir nur das Beste wünschst, aber bei der nächsten Wahl dagegen stimmst, dass meine Familie unter dem Schutz des Gesetzes leben kann, liebst du mich nicht. Danke dafür, dass du verstehst, dass mich wirklich zu lieben bedeutet, mir und meiner Familie all das Gute zu wünschen, was du auch für dich und deine Familie willst. Alles, was dahinter zurückbleibt, bleibt hinter der Liebe zurück.[97]

Diese Definition von Liebe ist so überzeugend, weil sie mehrere Kriterien erfüllt. Zuerst spricht sie das Verlangen der meisten Menschen an, als nett, tolerant und rücksichtsvoll zu gelten. Zweitens ist es ein passiv-aggressiver Weg, diejenigen bloßzustellen, die nicht mit der eigenen theologischen und politischen Meinung übereinstimmen. Ihre Forderungen sind eigentlich ziemlich totalitär. Beachte den Satz: «Wenn du mich verändern möchtest, liebst du mich nicht.» Damit Doyle logisch konsequent ist, müsste sie das ein oder andere zugeben. Entweder hat sie ihre Bekannte nicht gern, weil sie offensichtlich versucht, *sie* zu verändern, oder ihre Definition von Liebe funktioniert nur in die eine Richtung.

Um logisch zu sein, müsste diese Sichtweise auf jede sexuelle Beziehung angewandt werden können, die jemand eingehen möchte, oder auf jede Definition von Familie, die eine oder mehrere Personen für wahr halten. Das könnte sehr schnell richtig düster werden. Aber diese Art Liebe ist keine echte Liebe. Das ist nicht die Liebe, von der die Bibel spricht und die von uns gefordert wird. Genau genommen war Jesus selbst, nach Doyles Definition, *lieblos*.

Supertoleranter Hippie-Jesus?

Erinnerst du dich an den Teil in den Evangelien, wo Jesus gesagt hat: «Lasst die Kinder zu mir kommen und haltet sie nicht zurück, denn Menschen wie ihnen gehört Gottes Reich» (Lukas 18,16)? Auch Matthäus und Markus berichten über diese Begebenheit: Ein paar Leute hatten ihre Kinder zu Jesus gebracht, aber seine Jünger dachten, dass er Besseres zu tun hätte, also versuchten sie, die Kinder wegzuschicken. Jesus wies seine

Freunde zurecht und merkte an, dass sein Königreich aus Menschen besteht, die kindliche Eigenschaften verkörpern. Kinder vertrauen leicht, lieben großherzig, haben keine Macht oder Prestige und haben genau null Referenzen vorzuweisen.

Jesus sucht nach unschuldigen Nachfolgern, nicht nach begabten PR-Beauftragten, einflussreichen Politikern oder reichen Herrschern. Damit das klar ist: PR-Beauftragte, Politiker oder reiche Herrscher können Jesus nachfolgen, aber Jesus ist nicht darauf aus, von ihren Talenten zu profitieren, um seine Position auszubauen.

Ironischerweise unterbrach ein reicher, angesehener junger Mann Jesus' Ermahnung mit einer brisanten Frage. «Guter Lehrer, was muss ich tun, um das ewige Leben zu bekommen?» (Lukas 18,18; siehe auch Matthäus 19,16.20). Vielleicht stellte er genau diese Frage, um eine Diskussion zwischen Pharisäern und Sadduzäern zu beenden, die grundverschiedene Sichtweisen auf die Auferstehung und das Geschehen nach dem Tod hatten. Vielleicht fragte er, um seine eigene ewige Bestimmung herauszufinden. Vielleicht hatte er gehört, dass Kinder das Reich Gottes erben würden, und fragte sich, wo genau er dort reinpasst. Egal, mit welcher Motivation – er stellte *die* entscheidende Frage.

Jesus antwortete, indem er den reichen Mann wissen ließ, dass niemand außer Gott allein gut ist (Vers 19). Manche Bibellehrer sehen darin eine raffinierte Hilfestellung für den Mann, Jesus' Gottsein zu erkennen. (Schließlich ist nur Gott gut.) Der junge Mann verstand es nicht, daher nannte Jesus einige der Zehn Gebote: «Du sollst nicht die Ehe brechen, nicht töten, nicht stehlen. Sag nichts Unwahres über deinen Mitmenschen, ehre Vater und Mutter! Interessanterweise zitierte Jesus nicht «Du sollst keine anderen Götter haben neben mir» – das hob er sich für später auf.

Okay!, antwortete der Mann. «An all das habe ich mich von Jugend an gehalten» (Vers 21). Natürlich ist die Versuchung zu Neid und Diebstahl nicht so groß, wenn man selber wohlhabend ist, aber genau darauf wollte Jesus die ganze Zeit hinaus. Wie du siehst, hatte der reiche und angesehene junge Mann einen Götzen im Herzen: Er schätzte eine bestimmte Sache mehr als Gott. (Siehe zuvor genanntes erstes Gebot.) Selbstverständlich war das für Jesus, der alle Herzen kennt, nichts Neues: «Etwas fehlt dir noch. Verkaufe alles, was du hast, und verteil das Geld an die Armen. Damit wirst du im Himmel einen Reichtum gewinnen, der niemals verloren geht. Und dann komm und folge mir nach» (Vers 22).

Das machte den wohlhabenden jungen Mann tieftraurig, denn er war sehr reich … und er liebte sein Geld. Er zog seinen Reichtum dem ewigen Leben vor. Vielleicht dachte er: *Na ja, die Sadduzäer könnten ja recht haben. Meine Seele wird sowieso nicht ewig leben, also kann ich das Leben, das ich habe, auch genießen.* Wir wissen nicht, was er dachte, aber in Markus lesen wir eine interessante Tatsache. Nachdem der junge Mann Jesus gesagt hatte, dass er alle Gesetze Gottes befolge, schreibt Markus: «Jesus sah ihn voller Liebe an» (Markus 10,21). Das solltest du nicht übersehen. Bevor Jesus den jungen Mann wegschickt, der sein Angebot abgelehnt hat und damit kein ewiges Leben erhält, steht in der Bibel, dass *Jesus ihn liebte.*

Schauen wir uns wieder die aktuelle gesellschaftliche Definition von Liebe an: «Liebe kennt kein Aber. Wenn du mich verändern möchtest, liebst du mich nicht.» Jesus offenbarte sehr deutlich etwas im Herzen des reichen jungen Mannes, das sich ändern musste. Er ließ den Mann sogar ohne Erlösung weggehen, weil dieser nicht bereit war, seinen Götzen aufzugeben. Der heute geltenden gesellschaftlichen Definition folgend war

Jesus nicht liebevoll. (Dies ist eine gute Gelegenheit für uns alle, unser eigenes Herz zu prüfen. Glauben wir einer bekannten Autorin, was sie über die Liebe sagt, oder glauben wir Jesus, der die Liebe selbst ist?)

Betrachten wir ein weiteres Beispiel in Offenbarung 2 und 3, nämlich die von Jesus diktierten Briefe (Sendschreiben) an sieben verschiedene Gemeinden. Manche Bibelwissenschaftler betrachten diese Briefe als eine allgemeine und symbolische Beschreibung von Gottes Souveränität in der Geschichte. Andere sind der Meinung, sie seien nicht an spezielle Gemeinden, sondern an *die Gemeinde* im Allgemeinen gerichtet. Wieder andere sehen sie als Repräsentation bestimmter Zeitepochen in der Kirchengeschichte.

Wen auch immer man für die Empfänger hält (ich denke, es waren tatsächlich Gemeinden im ersten Jahrhundert): Alle Ausleger stimmen darin überein, dass die Sendschreiben für die Gemeinde heute von Bedeutung sind. Mit anderen Worten: Die Briefe stießen die Gemeinde vor den Kopf, und auch wir finden uns im Fadenkreuz Jesu wieder, wenn wir heute diese Sendschreiben lesen. Einer der Briefe war an die Gemeinde in Thyatira, einem damaligen Handelszentrum, dessen Überreste in der heutigen Türkei zu finden sind, adressiert. Der Ort war auch die Heimatstadt von Lydia, der «Purpurhändlerin», der wir in Apostelgeschichte 16,14 begegnen. Ansonsten wissen wir nicht viel über die Stadt.

Im Brief an die Gemeinde in Thyatira geht Jesus eine Frau namens Isebel, eine selbsternannte «Prophetin», hart an, die Christen zur sexuellen Unmoral und Abgötterei verführte. Nachdem er ihr Zeit gegeben hatte, um Buße zu tun, sagte Jesus, er «werfe [...] sie aufs Krankenbett» und «ihre Kinder will ich mit dem Tode schlagen» (Verse 22 und 23; LUT). Aber jetzt kommt das Interessante. Bevor er sein Gericht über sie aussprach, tadelte er die ganze Gemeinde in Thyatira wegen der Sünde der *Toleranz*. Jesus sagte: «Trotzdem habe ich etwas an dir auszusetzen: Du unternimmst nichts gegen Isebel» (Vers 20). Die heutige gesellschaftliche Definition von Liebe löst sich da ganz schnell in Luft auf, oder? Was schrieb Doyle noch mal? «Wenn du warme Gefühle für mich hegst und gleichzeitig glaubst, dass ich in der Hölle schmoren werde, liebst du mich nicht.»

Willkommen in Agape-Land

In der Bibel steht noch viel mehr über Liebe. Jesus befiehlt uns, die, die uns hassen, zu lieben. Heißt das, wir bestätigen unsere Feinde in ihrem ungerechten Handeln? Heißt das, wir versuchen nicht, sie zu ändern? Nach der beliebten gesellschaftlichen Definition ist das so. Aber so definiert die Bibel Liebe nicht.

In 1. Korinther 13 steht, dass Liebe wichtiger ist als Erkenntnis, Eifer, prophetische Fähigkeiten oder mächtiger Glaube. Paulus schrieb, wenn er all das in Hülle und Fülle hätte, aber keine Liebe, wäre er nichts. Wow. Das bedeutet, wie wir Liebe definieren, ist wahnsinnig wichtig. Glücklicherweise hat Paulus das dann auch gemacht.

Er schrieb: «Liebe ist geduldig und freundlich. Sie ist nicht verbissen, sie prahlt nicht und schaut nicht auf andere herab.» (Dies ist der Teil, den wir alle mögen. Aber bleib dran, es wird herausfordernder.) Er fuhr fort: Sie «sucht nicht das Ihre, sie lässt sich nicht reizen und ist nicht nachtragend.» (Heißt das, ich kann von anderen Menschen nicht verlangen, dass sie sich meiner speziellen theologischen und politischen Sicht der Dinge beugen, wenn sie mich lieben wollen?) Als Nächstes schrieb Paulus: «Sie freut sich nicht am Unrecht, sondern freut sich, wenn die Wahrheit siegt.» (Ach, Mist. Das heißt, wenn ich ein liebender Mensch bin, kann ich mich nicht über sündiges Verhalten freuen, sondern nur dann Freude haben, wenn die Dinge mit der Wahrheit von Gottes Wort übereinstimmen?)

Laut Bibel bedeutet Liebe, dass ich jemand anderen nicht in seiner Sünde bestätigen kann, auch wenn er darauf besteht, dass Liebe das erfordert. In diesem Sinne ist die biblische das genaue Gegenteil der gesellschaftlichen Definition von Liebe.

Das griechische Wort, das im Neuen Testament oft für Liebe benutzt wird, ist Agape. Agape und davon abstammende Wörter werden 341-mal benutzt und sind in jedem Buch des Neuen Testaments zu finden. Es ist das Wort, das verwendet wird, um Gottes Liebe zu uns und unsere Liebe zu Gott auszudrücken (Römer 8,37; Matthäus 22,37). Es ist das Wort, das im Liebesgebot für die Gemeinde verwendet wird (Johannes 13,34). Es ist dasjenige, welches die Liebe eines Ehemannes bezeichnet, die er für seine Frau haben sollte (Epheser 5,25), und die Liebe, die wir als Christen für unseren Nächsten haben sollten (Römer 13,9). Es ist das Wort für Liebe, das Paulus in 1. Korinther 13 benutzt. Es ist das Wort, das das Wesen Gottes in 1. Johannes 4,8 ausdrückt. Gott ist Agape.

Anders gesagt: Agape bedeutet göttliche Liebe, nicht weltliche Liebe. Unser Verständnis der Bedeutung von Liebe muss beim Wesen und Charakter Gottes beginnen. Da Liebe ist, wie Gott ist, ist es wichtig, dass wir nicht auf einen verbreiteten Irrtum hereinfallen: Wir können Liebe nicht einfach definieren, wie wir wollen, und dann sagen, so ist Gott. Wir müssen verstehen, wer Gott ist, und dann können wir sagen, so ist Liebe. Gott wird nicht von unserem Verständnis von Liebe definiert. Liebe wird durch ihn definiert. In der ganzen Bibel erfahren wir von dieser Liebe.

Der Theologe Wayne Grudem beschreibt es folgendermaßen: «Gottes Liebe bedeutet, dass Gott sich ewiglich anderen hingibt.»[98] Der Apostel Johannes erklärt das wunderbar, indem er sagt: «Meine Freunde! Lasst uns einander lieben, denn die Liebe kommt von Gott. Wer liebt, ist ein Kind Gottes und kennt Gott. Wer aber nicht liebt, der kennt Gott nicht; denn Gott ist Liebe» (1. Johannes 4,7–8).

Liebe ist das Kreuz

Lange bevor wir geboren wurden, war Gott drei in einem Wesen, und die Dreieinigkeit existierte als Liebesbeziehung für die Ewigkeit. Jesus bezog sich auf diese Verbindung, als er für seine Jünger betete: «Sie sollen meine Herrlichkeit sehen, die du mir gegeben hast. Denn du hast mich geliebt, lange bevor die Welt geschaffen wurde» (Johannes 17,24). Beachte, dass Jesus die Liebe des Vaters, die schon vor der Schöpfung da war, besonders hervorhob. Aber sie hörte dort nicht auf und hält bis heute an. In Johannes 3,35 steht: «Der Vater liebt den Sohn» (Gegenwartsform).

Da wir nun wissen, dass die Dreieinigkeit seit Ewigkeit in vollkommener Liebe existiert, können wir uns der Frage zuwenden, wie wir Menschen in das Bild passen. Gott ist Liebe und seine Liebe ist ganz eng mit seiner Güte verbunden. Er liebt uns nicht, weil wir es verdienen, sondern wegen dem, wer er ist.

Der Theologe Louis Berkhof drückt es so aus: «Da Gott vollkommen gut in sich ist, kann seine Liebe in keinem Objekt, das absoluter Perfektion nicht genügt, vollkommene Erfüllung finden. Er liebt seine rationalen Geschöpfe um seines Namens willen oder, um es anders auszudrücken, er liebt in ihnen sich selbst, seine Tugenden, sein Werk und seine Gaben.»[99] Obwohl wir unperfekt sind, liebt er uns.

Aber das wäre nichts ohne die Sühne. Gott übersieht unsere Sünden nicht oder hasst uns ihretwegen. John Stott schrieb: «Weit davon entfernt, die Sünde zu dulden, hat seine Liebe einen Weg gefunden, sie zu entlarven (weil er Licht ist) und sie zu verbrennen (weil er Feuer ist), ohne den Sünder zu zerstören, sondern indem er ihn vielmehr rettet.»[100] Daran erkennen wir, dass Gott uns liebt.

Gottes Liebe wurde in der Person Jesus sichtbar. Mit anderen Worten: Gott zeigte seine Liebe zu uns, indem er seinen Sohn sandte, als Opfer für unsere Sünden (1. Johannes 4,9–10). Darauf wies Jesus in Johannes 15,13 hin: «Niemand liebt mehr als einer, der sein Leben für die Freunde hingibt.» Hier hat Jesus Liebe in direkten Zusammenhang mit Leidensbereitschaft gebracht. Der Apostel Paulus schloss in Römer 5,8 den Kreis, als er erklärte, wie Gott seine Liebe zu uns bewiesen hat: «dass Christus für uns starb, als wir noch Sünder waren».

Wir können uns also von der Vorstellung verabschieden, dass Gott uns liebt, weil wir seine Liebe verdient hätten. Gott hat uns nicht erschaffen, dann festgestellt, wie schrecklich liebenswert wir sind, und sich einfach in uns verliebt. Wir waren Sünder und dennoch liebte Christus uns. Weil er Liebe ist.

Wenn wir einmal verstanden haben, dass Gott Liebe ist und dass er uns seine Liebe durch Christus offenbart hat, können wir andere lieben. Nach 1. Johannes 4,19 lieben wir nur, weil Gott uns zuerst geliebt hat.

Wahre biblische Liebe basiert nicht auf dem Objekt der Liebe, sondern auf dem Geber der Liebe. Deshalb müssen wir die Liebe nach Art von Disney/Kenny Rogers/Achtzigerjahre-Romantik-Komödien aus dem Kopf bekommen. Wahre biblische Liebe ist weder die banale Bejahung von Lebensentscheidungen eines Mitmenschen noch die Bindung eines anderen an unsere eigene politische oder theologische Überzeugung.

Als Christ kannst du jeden von der Straße weg lieben. Denn wahre biblische Liebe zählt keine Fehler. Sie erwartet keine Gegenleistungen. Sie sagt die Wahrheit. Sie glaubt alles, hofft alles und hält alles aus. Sie versagt nie. Liebe ist eine Person. Liebe ist bereit zu leiden. Die Liebe gibt sich ewig für andere hin. Ich denke, der Philosoph Peter Kreeft drückt es am besten aus:

Er kam aus Liebe. Nur aus Liebe. Die Fliegen, die um das Kreuz schwirren, der Schlag des römischen Hammers, der die Nägel unter brüllenden Schmerzen in sein lebendiges Fleisch treibt, die unendlich schlimmere Wucht des hammerharten Hasses, der aus seinem eigenen Volk auf sein Herz einprügelt – warum? Aus Liebe. Gott ist Liebe, so wie die Sonne Feuer und Licht ist, und er kann genauso wenig aufhören zu lieben, wie die Sonne aufhören kann zu scheinen … Im Gegensatz zu weitverbreiteten Ersatzformen ist wahre Liebe bereit zu leiden. Liebe ist nicht «love». Liebe ist das Kreuz.[101]

12.
Vorurteile

Frauenpower ist *die* Power

Was für eine Welt wäre es gewesen, wenn Eva das Angebot der Schlange abgelehnt und ihr stattdessen gesagt hätte: «Lass mich nicht sein wie Gott! Lass mich das sein,
wozu ich bestimmt bin – lass mich Frau sein!»?[102]

Elisabeth Elliot: Als Frau leben

Ein paar Jahre nach der Highschool bemerkte ich, dass ich etwas gegen Männer hatte. Ich weiß nicht, wie und woher das kam. Bis dahin waren die einflussreichen Männer in meinem Leben ziemlich gut zu mir gewesen: Mein Großvater verehrte mich regelrecht und mein Vater dachte im Prinzip, ich würde Präsidentin der Vereinigten Staaten werden. Bei meinen wenigen Dates hatte ich auch keine schlimmen Erfahrungen gemacht. Ich wuchs nicht unterdrückt auf oder wurde zum Schweigen gebracht, weil ich ein Mädchen war. Dennoch war diese Empfindlichkeit einfach da.

Es fing klein an, mit einem Wettbewerbsgefühl gegenüber Männern. Daraus entwickelte sich ein leichter, aber beständiger Wunsch, sie scheitern zu sehen. Selbstverständlich dachte ich, dass ihr Scheitern einer Frau die Gelegenheit bieten würde, die Sache besser zu machen. Dann entwickelte sich daraus jedoch eine regelrechte Bitterkeit und Verachtung für Männer. Nichts davon fand bewusst statt. Ich wachte nicht jeden Morgen auf und versuchte, das Patriarchat oder jeden Typen zu zerstören, der mir über den Weg lief. «Es» war einfach da und gehörte zu mir wie ein Accessoire, das ich in einer Boutique gekauft hatte. Bald wuchs diese kleine Empfindlichkeit zu einem großen, schweren Groll heran. Er beeinflusste, wie ich die Bibel las. Ich suchte in der Bibel nach Geschichten über mächtige Frauen, nicht um etwas über Gottes Herz für sie zu erfahren, sondern um zu lesen, wie ein Mann in die Schranken gewiesen wurde.

Ich las die Geschichte von Debora, der Richterin, Prophetin und schließlich militärischen Führerin Israels. Statt Gott demütig für die Rolle zu danken, die er ihr anvertraut hatte, und so viel wie möglich über *sein* Wesen und *seinen* Charakter zu lernen, fing ich an, Debora zu meiner Waffe zu machen. Ich freute mich, als sie Barak, den Befehlshaber der Armee Israels, rief und ihm sagte, dass der Herr ihnen den Sieg gegeben hatte, und dieser Krieger ins Wanken geriet.

Als Barak sagte, er würde nur in die Schlacht gehen, wenn sie mit ihm käme, stimmte sie ohne zu zögern zu. Sie prophezeite: «Aber der Ruhm dieses Feldzugs wird nicht dir gehören, denn der HERR wird einer Frau den Sieg über Sisera [den Befehlshaber des Feindes] schenken!» (Richter 4,9). Mannomann. Das las ich genüsslich und voller Häme.

Aber es ging nicht nur um Debora. Als junge Erwachsene habe ich jede starke Frau, die ich in der Bibel fand, als Waffe benutzt. Jaël, Abigal und Esther waren alle in meinem Arsenal. Und Maria von Bethanien, die es vorzog, zu den Füßen von Jesus zu sitzen, statt zu kochen und zu putzen? – *Nicht schlecht!*

Es fällt mir schwer, das alles zu beschreiben, denn Gott hat mein Herz seitdem so sehr verändert. Ich mag Männer und möchte sie in jeder Hinsicht aufblühen sehen. Es ist schwer, auf mein jüngeres Ich zurückzublicken und solche Hässlichkeit in meinem eigenen Herzen zu sehen. Aber diese Dunkelheit war da. Und sie hatte mit meinen Vorurteilen zu tun.

Werfen wie ein Mädchen

Vor ein paar Jahren produzierte ein weithin bekannter Hersteller von Damenhygieneprodukten eine mitreißende Super-Bowl-Werbung, die Social-Media-Benutzer dazu aufrief, den Hashtag #LikeAGirl zu benutzen. In der Werbung zeigten Jungs und Mädchen im Teenageralter, wie es aussieht, «wie ein Mädchen zu rennen», «wie ein Mädchen zu werfen» und «wie ein Mädchen zu kämpfen». In der Version, die ich gesehen habe, imitierten die Teenager alberne und karikierte Stereotypen von Mädchen, die mit den Armen fuchtelten, während sie klägliche Versuche in diesen Disziplinen unternahmen.

In einem weiteren Video fragte die Regisseurin junge Mädchen, ob man ihnen geraten habe, irgendetwas nicht zu tun, weil sie Mädchen waren. Sie schrieben ihre Antworten auf große weiße Kästen – Begriffe wie «schwach», «langsam», «emotional», «gehorsam», «girl pushups» (z. Dt. «Frauenliegestütze»), «Mädchen können keine Ärzte sein», «sollten nicht so ehrgeizig sein» und «zu hübsch, um Football zu spielen».

Als Highlight des Videos wurde gezeigt, wie die jungen Mädchen triumphierend die Kästen umkippten, sie traten und sogar mit einem Vorschlaghammer auf sie einschlugen. Diese Werbereihe wurde mit überwältigender Zustimmung aufgenommen. Die Zeitschrift *Self* twitterte, dass dies ihre Lieblingswerbung beim diesjährigen Super Bowl war, und die *Huffington Post* bezeichnete sie als «bahnbrechend».[103] Die Botschaft war deutlich: Es gibt nichts, was du nicht tun kannst, nur weil du ein Mädchen bist.

Das Problem mit dieser Botschaft ist, dass sie einfach nicht wahr ist. Es gibt viele Dinge, die du nicht tun solltest oder kannst, wenn du ein Mädchen bist. (Natürlich gibt es immer auch Ausnahmen.) Wenn du eine Frau bist, solltest du dich wahrscheinlich nicht auf einen Faustkampf mit einem Mann einlassen. Wenn du eine Frau bist, kannst du wahrscheinlich nicht so schwere Gewichte stemmen wie ein typischer Mann oder so schnell rennen wie ein Mann. Du kannst niemanden schwängern und keinen Prostatakrebs bekommen. Umgekehrt, wenn du ein Mann bist, solltest du keinen Zweikampf mit einer Frau austragen oder eine Frau zwingen, mit dir Sex zu haben. Du kannst nicht gebären, stillen oder Eierstockkrebs bekommen.

Natürlich standen auf den Kästen unterschiedliche Botschaften. Können Frauen Ärzte sein? Offensichtlich: ja. Sind Frauen weniger schlau als Männer? Ganz bestimmt nicht. Aber sind sie allgemein körperlich schwächer als Männer? Na ja, es hat einen Grund, warum es «Frauenliegestütze» gibt.

In unserer Gesellschaft ist die Behauptung, dass es zwischen Männern und Frauen Unterschiede gibt, zum Tabu geworden. Leider haben wir in den vergangenen Jahrhunderten männliche Stärken genommen und sie zur Norm gemacht. Daher spüren Frauen das Bedürfnis, wie ein Mann zu kämpfen, mit Männern beinhart am Arbeitsplatz zu konkurrieren und all die Dinge zu erreichen, die Männer so tun. Warum erklärt keiner das Frausein zur Norm für Güte und Wert? Beachte, dass unsere Gesellschaft den Männern nicht vorschreibt, dass sie schwanger werden müssen, was nur Frauen können, um etwas zu gelten.

(Ich möchte hier klarstellen, ich sage nicht, dass Frauen an den Herd gehören oder nur zum Kinderkriegen geschaffen wurden. Dennoch muss festgestellt werden, dass Evelyn Abbott nicht umsonst eine der härtesten Frauenfiguren der gesamten Filmgeschichte ist, die in dem Horrorfilm *A Quiet Place* und seinen Fortsetzungen von Emily Blunt gespielt wird. In Teil 1 ist sie über weite Strecken schwanger, und sie findet heraus, wie man in einem postapokalyptischen Amerika tödliche Aliens besiegt und gleichzeitig fähige und höfliche Kinder großzieht – und das alles ohne einen einzigen Faustkampf. Aber ich schweife ab.)

Freunde, wir glauben an Lügen. Es ist eine wunderschöne Wahrheit, dass Gott Männer und Frauen gleich in Wert und Bedeutung, aber mit unterschiedlichen Rollen und Verantwortungen geschaffen hat.

Nimm zum Beispiel die Behauptung, dass Frauen «zu emotional» seien. Warum nehmen wir das automatisch als ein negatives Vorurteil wahr, das ausgeräumt werden muss, um das Patriarchat zu zerstören? Könnte es sein, dass Gott tatsächlich eine emotionale Intelligenz in Frauen hineingelegt hat, weil sie verantwortlich dafür sind, all die neuen Menschen auf die Welt zu bringen? Könnte es sein, dass sie von Natur aus intuitiv und fürsorglich sein müssen, mit scharfen Instinkten, die auf das Überleben und Gedeihen von Einzelnen ausgerichtet sind? Statt dies als eine zu überwindende Schwäche zu betrachten, danke ich Gott für die Schönheit seiner vielfältigen Schöpfung.

Könnte es nicht auch sein, dass Gott Männern einen Instinkt zum Beschützen und Versorgen eingepflanzt hat? Könnte es sein, dass die Unterschiede zwischen Männern und Frauen wie zwei Puzzleteile zusammenpassen, um sicherzustellen, dass beide gedeihen und dass die ganze Familie und die Gesellschaft im Allgemeinen aufblühen?

Ich habe einmal nach einem Vortrag bei einem Schulgottesdienst mit einer jungen Studentin gesprochen. Sie war in Tränen aufgelöst über Stellen in der Bibel, die sie als unterdrückend für Frauen empfand. Vor allem konnte sie nicht verstehen, warum Gott Männer und Frauen unterschiedlich gemacht hat. Unter leisem Schluchzen flüsterte sie: «Warum hat er nicht einfach unsere Körper gleich gemacht?» Ich hatte ehrlich gesagt noch nie aus dieser Richtung über die Frage nachgedacht, also schlug ich 1. Mose auf und führte uns durch die Schöpfungsgeschichte, mit speziellem Augenmerk auf dem, was dort über Frauen stand: «So schuf Gott den Menschen als sein Abbild, ja, als Gottes Ebenbild; und er schuf sie als Mann und Frau» (Vers 27). Ich erklärte ihr, dass nicht nur Männer nach Gottes Ebenbild geschaffen seien. Sondern auch Frauen.

Dann sagte ich: «Du hast einen vollständigen Blutkreislauf.

Du hast ein vollständiges Herz-Kreislauf-System. Du hast ein vollständiges Nervensystem. Aber Gott hat dir nur eine Hälfte des Fortpflanzungssystems gegeben. Was sagt dir das?» Ihre Augen leuchteten ein wenig auf und ich konnte sehen, wie es in ihr arbeitete. Ich sagte: «Vielleicht hat Gott unsere Körper anders gemacht, weil er wollte, dass wir etwas unglaublich Wichtiges verstehen, was Kinder von Natur aus brauchen ... eine Mutter und einen Vater. Außerdem find ich's schön zu wissen, dass Männer und Frauen *zusammen* das Bild Gottes widerspiegeln.»

Ich will niemandem auf den Schlips treten. Aber hast du schon mal bemerkt, dass heute alles – von der Musik über Filme bis hin zu den sozialen Medien – darauf ausgerichtet ist, sicherzustellen, dass Frauen glauben, sie seien nicht anders als Männer und könnten alles erreichen, was Männer können? Besonders beunruhigt mich, dass in den letzten Jahren in Fernsehsendungen und Filmen immer mehr physische Kämpfe zwischen weiblichen und männlichen Charakteren zu sehen sind. Ich weiß, ich weiß. Ich klinge wie ein Spießer. Ich höre mich das gerade sagen, während ich ein Spitzendeckchen bügle, bevor ich den Nachbarskindern zurufe: «Runter von meinem Rasen!» Aber im Ernst. Es wird langsam lächerlich. Ich kann dir nicht sagen, wie oft ich die neueste Action-Serie eingeschaltet habe, nur um eine sechzig Kilo schwere Frau (die keine Superkräfte wie Captain Marvel oder Wonder Woman hat) dabei zu beobachten, wie sie einen riesigen Marine-Soldaten oder gleich ein ganzes Team von Marine-Soldaten verprügelt. Typischerweise zeigt sich ihre Zähigkeit darin, wie gut sie Schläge wegstecken kann.

Nach der Analyse mehrerer solcher weiblicher Filmcharaktere schrieb Dr. Alastair Roberts:

Wir haben uns von einer Situation mit getrennten Welten der geschlechtsspezifischen Aktivitäten [...] zu einer Situation entwickelt, in der Männer und Frauen in eine einzige intersubjektive und existenzielle Welt gepresst werden, eine Welt, die traditionell männlich ist. Das Ergebnis ist eine Unterdrückung der Männer, da Männlichkeit zu einer sozialen Bedrohung und männliche Stärke ein zu lösendes Problem wird. [...] Die Tatsache, dass die Stellung der Frau als vollwertige Akteurin so abhängig gemacht wird von Dingen wie körperlicher Stärke und ihren Kampffähigkeiten oder von der übertriebenen Schwäche der sie umgebenden Männer, ist ein Zeichen dafür, dass trotz der zunehmenden Unterdrückung von Männern Frauen in einem Bereich agieren, in dem nach den Regeln der Männer gespielt wird. Das Möglichsein einer Welt, in der Frauen das schwächere Geschlecht sind, aber dennoch den Status und die Würde vollwertiger Akteure und Personen haben können – als die wahren Gegenstücke und Gleichgestellten von Männern –, scheint größtenteils jenseits der Vorstellungskraft der Menschen zu liegen.[104]

Das ist ein etwas längeres Zitat, aber ich hoffe, du nimmst es in dich auf und liest es noch einmal ganz langsam. Es diagnostiziert unser gesellschaftliches Problem rund um das Thema Frauenpower ganz genau. Aber ist «Frauenpower» die Art Kraft, nach der wir streben sollten?

Äpfel

Laut Bibel begann die Geschichte des Menschen in einem Garten. Gott schuf den ersten Menschen, Adam, und setzte ihn in den Garten Eden. Er dürfe von den Früchten jedes Baumes essen – außer von einem. «Und Gott der HERR gebot dem Menschen und sprach: Von jedem Baum des Gartens darfst du nach Belieben essen; aber von dem Baum der Erkenntnis des Guten und des Bösen sollst du nicht essen; denn an dem Tag, da du davon isst, musst du gewisslich sterben!» (1. Mose 2,16–17; SL).

Wir wissen alle, was als Nächstes passierte. Gott versetzte Adam in einen Schlaf, führte eine kleine Operation an seiner Seite durch und schuf die erste Frau. Eva war nicht dabei, als Gott Adam das Gebot bezüglich der Bäume gegeben hatte, also bekam sie die Anweisung sehr wahrscheinlich von ihm. Dann kam die Schlange. Diese Kreatur, welche in der Bibel mit dem Bösen (Offenbarung 12,9) gleichgesetzt wird, versuchte Eva in 1. Mose 3 gegen Gott aufzubringen. Die Schlange war superschlau und begann mit: «Sollte Gott *wirklich* gesagt haben …?» (Vers 1). Sie fragte Eva, ob Gott wirklich gesagt habe, dass sie von keinem Baum im Garten essen durften. Beachte, dass die Schlange gleich zu Beginn Gottes Worte fehlinterpretierte und eine positive in eine negative Aussage umwandelte. Gott sagte, sie *dürften* essen; Satan kehrte es um in: *nicht* essen *dürfen*.

Eva fiel darauf herein. Beziehungsweise, sie verdrehte Gottes Worte auch ein wenig. Na ja, um fair zu sein, entweder verdrehte sie sie, oder Adam hatte ihr Gottes Anweisungen falsch weitergegeben. Sie entgegnete: «Natürlich dürfen wir, […] nur von dem Baum in der Mitte des Gartens nicht. Gott hat gesagt: ‹Esst nicht von seinen Früchten, ja – berührt sie nicht einmal, sonst müsst ihr sterben›» (1. Mose 3,2–3).

Es ist wichtig, einige nicht unwesentliche Veränderungen gegenüber Gottes Aussage zu erkennen: eine Auslassung und eine

Ergänzung. Zuerst verallgemeinerte Eva Gottes ursprüngliches Gebot; sie ließ aus, dass sie von *jedem anderen* Baum *nach Belieben* essen konnten. Zweitens fügte sie hinzu: «berührt sie nicht einmal», was nicht Teil der ursprünglichen Anweisung Gottes gewesen war.

Weil sie Gottes Worte zum Teil missachtete und ihnen etwas hinzufügte, wurde Eva sehr verwirrt und schließlich verführt. An diesem Punkt ging die Schlange zum Angriff über. Satan sagte ihr im Grunde, dass sie nicht sterben würde (Vers 4). Das unterdrückte wahrscheinlich all ihre Angst (erinnerst du dich an den betäubenden Vampirnebel in Kapitel 7? Wo ist Bella, wenn man sie braucht!) und machte Eva empfänglicher für Satans nächsten Schritt. Er überzeugte sie, dass Gott ihr etwas Wunderbares vorenthielte. Würde sie die Frucht essen, würde sie wie ihr Schöpfer werden und Gut und Böse unterscheiden können.

Als die Schlange Eva sagte, dass der Genuss der verbotenen Frucht sie «Gott gleich» machen würde, log sie nicht komplett. In 1. Mose 3,22 sagt Gott: «Nun ist der Mensch geworden wie wir, weil er Gut und Böse erkennen kann.» Die Sache ist: Die besten Lügen enthalten *so* viel Wahrheit. Als Adam und Eva von der Frucht aßen, *wurden* ihre Augen in gewisser Weise geöffnet und sie *wurden* wie Gott, aber Gott und die Schlange hatten sehr unterschiedliche Auffassungen darüber. Der Unterschied ist, dass die Schlange «wie Gott sein» als etwas Gutes darstellte, aber Gott wusste, dass es eigentlich für Adam und Eva etwas sehr Gefährliches sein würde. *Die Frucht war nichts Gutes, das zurückgehalten wurde, sondern etwas unglaublich Zerstörerisches, vor dem Gott Adam und Eva bewahrte.* Er wollte sie vor dem Bösen schützen, das Satan in Gottes gute Schöpfung hineinzubringen versuchte. Auch heute noch möchte Satan, dass wir Gottes Gebote als Hindernisse betrachten, die uns davon abhalten, die Dinge zu genießen, die uns zustehen. In Wirklichkeit schützt Gott uns durch seine Gebote aber vor Schaden.

Doch leider folgte Eva ihrem Herzen. Der Text geht weiter: «Die Frau schaute den Baum an. Er sah schön aus! Es wäre bestimmt gut, von ihm zu essen, dachte sie. Seine Früchte wirkten verlockend, und klug würde sie davon werden! Sie pflückte eine Frucht und biss hinein. Dann reichte sie die Frucht ihrem Mann, der bei ihr stand, und auch er aß davon» (Vers 6).

Es ist interessant, dass der Apostel Paulus in Römer 5,12 darauf hinweist, dass die Sünde durch *einen Mann* in die Welt kam. Wenngleich Eva verführt wurde und Paulus in 1. Timotheus 2,14 sagt, dass Adam nicht verführt wurde, scheint dennoch er derjenige zu sein, der verantwortlich gemacht wird. Wir lesen in 1. Mose, dass er die ganze Zeit bei ihr war, und nach Römer 5 kam der Tod wegen *ihm* auf alle Menschen. Die Schrift verrät uns nicht viel über Adams Beweggründe, aber es steht geschrieben, dass Eva sah, dass die Frucht «gut» und «schön» war und dass man davon «klug [werden] würde» (Vers 6). 1. Mose 3 ist für mich wahrscheinlich der faszinierendste Abschnitt in der Bibel, und es gibt noch so viel mehr, was gesagt und erkundet werden könnte. Aber der wesentliche Punkt ist, dass sowohl Adam als auch Eva sich selbst zum Maßstab für Wahrheit und Güte gemacht haben statt Gott und sein Wort.

Weil Adam und Eva gegen Gott rebelliert haben, wurde der gesamte Kosmos ins Chaos gestürzt. Die Schöpfung war verflucht, Menschen waren verflucht und der menschliche Tod wurde zur unausweichlichen Realität.

Das Schema des Teufels hat sich bis heute nicht geändert.

Wie man getäuscht wird in 7 einfachen Schritten

1. Stelle in Frage, was Gott tatsächlich gesagt hat.
2. Verdrehe, was Gott gesagt hat.
3. Stelle dir Gott als den gemeinsten Kerl unter der Sonne vor, der Angsttaktiken benutzt, um dich davon abzuhalten, Spaß zu haben.
4. Überrede dich, dir selbst mehr zu vertrauen als Gott und seinem Wort.
5. Katapultiere dein Leben in Dunkelheit und Chaos.
6. Überzeuge dich, dass Dunkelheit und Chaos eigentlich gute Dinge sind.
7. Spülen, aufbereiten, wiederholen.

Das ist buchstäblich die älteste Lüge, die es gibt.

Essen oder nicht essen, das ist hier die Frage

Satan ändert seine Taktiken nicht – er passt sie nur an die Zeit an. Die gleichen Tricks. Nur anders dargestellt und anders vermittelt. Hier ist ein Beispiel:

> Die Herrschenden rechtfertigen die Kontrolle über eine Gruppe [«die Frauen»], indem sie die Massen zu dem Glauben konditionieren, dass dieser Gruppe nicht zu trauen ist. Deshalb beginnt die Kampagne, die uns davon überzeugen soll, Frauen zu misstrauen, früh und kommt von allen Seiten.[105]

In *Untamed* (dt. Titel: Ungezähmt) zählt Glennon Doyle nach diesen Worten Beispiele aus der Gesellschaft auf, in denen dies ihrer Meinung nach so geschieht. Vom Märchen bis zur Schönheitsindustrie über Diäten bis zum Rechtssystem scheint es keine Grenzen des fanatischen patriarchischen Wunsches zu geben, Frauen klein zu halten. «Die Lehre aus Adam und Eva – die erste prägende Geschichte von Gott und einer Frau, die ich zu hören bekam, – lautet folgendermaßen: Wenn eine Frau mehr will, widersetzt sie sich Gott, verrät ihren Partner, verdammt ihre Familie und zerstört die Welt»[106], schreibt Doyle. Nachdem sie Frauen ermutigt hat, ihren Sehnsüchten nachzugehen und ihren inneren Stimmen treu zu bleiben, dreht sie die Geschichte von Adam und Eva auf den Kopf:

> Wenn Frauen ihrer Sehnsucht vertrauen und sie für sich einfordern würden, würde die Welt, wie wir sie kennen, einstürzen. Vielleicht ist es notwendig, dass genau das passiert, damit wir an ihrer Stelle wahrhaftige, schönere Leben, Beziehungen, Familien und Nationen erschaffen können. Vielleicht war Eva uns niemals zur Warnung gedacht. Vielleicht war sie uns zum Vorbild gedacht.
> Gesteh dir dein Verlangen ein.
> Iss den Apfel.[107]

Für die meisten Christen mag das eine schockierende Interpretation sein. Die Bibel für das Entstehen einer Gesellschaft, die Frauen kontrolliert, verantwortlich zu machen, mag extrem erscheinen; die Erzählung von Eva umzukehren, verändert alles. Aber das ist nichts Neues. 1895 veröffentlichte Elizabeth Cady Stanton, eine Anwältin für Frauenrechte, *The Woman's Bible* (dt. Titel: Stantons Frauenbibel). Darin werden einige Bibelstellen über Frauen und ihre Rollen neu interpretiert. Im Vorwort zu Teil 2 schrieb Stanton: «Wir haben lang genug ein Kultobjekt aus der Bibel gemacht. Die Zeit ist gekommen, sie zu lesen, wie wir alle anderen Bücher lesen, das Gute zu akzeptieren und das Böse, das darin gelehrt wird, abzulehnen.»[108] In ihrem Kommentar zu 1. Mose 3, insbesondere zur Interaktion zwischen der Schlange und Eva, schrieb sie: «Der unvoreingenommene Leser muss vom Mut, der Würde und dem erhabenen Ehrgeiz der Frau beeindruckt sein.»[109]

Von Stimmrechten zu pinkfarbenen Mützen

Wie um alles auf der Welt sind wir von Frauen, denen grundlegende Rechte verwehrt wurden, dahin gekommen, dass wir Eva imitieren und den Apfel essen sollen? Vielleicht hilft hier eine grobe geschichtliche Übersicht am Beispiel Amerikas.

Es gab, wie wir wissen, einmal eine Zeit, in der Frauen in den Vereinigten Staaten nicht wählen konnten, keine höheren Bildungseinrichtungen besuchen durften und keine Eigentumsrechte hatten. Das forderte die Bemühungen der ersten Feministinnen heraus, Verfechter des 19. Zusatzartikels, der Frauen das Wahlrecht zusprach. Sie kämpften außerdem für das Recht, Eigentum zu besitzen, studieren zu dürfen und Geschäfte zu führen. Gute Arbeit, Feministinnen der ersten Welle! Viele dieser Frauen wollten einfach die gleichen Rechte und Privilegien wie Männer und dabei ihre Einzigartigkeit als Frauen bewahren. Die meisten von ihnen waren gegen Abtreibung und wollten Familien aufblühen sehen. Einige waren jedoch von der Idee überzeugt, dass Frauen, um wirklich den Männern gleichberechtigt zu werden, alles tun können müssten, was Männer tun können. Diese «egalitären Feministinnen» gewannen in den folgenden Jahrzehnten immer mehr Einfluss.

Die zweite Welle des Feminismus begann in Amerika in den 1960er-Jahren zusammen mit der sexuellen Revolution. Diese feministische Strömung konzentrierte sich auf Themen wie «reproduktive Rechte» (d. h. Abtreibung), Gleichberechtigung am Arbeitsplatz und gleiche Bezahlung. Während dieser Zeit verwischten die Grenzen zwischen Mann und Frau immer mehr.

1963 wurde Betty Friedans *The Feminine Mystique* (deutscher Titel: Der Weiblichkeitswahn oder die Selbstbefreiung der Frau) veröffentlicht und begründete in Amerika den modernen Feminismus, wie wir ihn heute kennen. Friedans Buch überzeugte eine ganze Generation von Frauen davon, dass Hausfrau und Mutter zu sein eine nicht erfüllende, ja belastende Arbeit sei. Wenn sich Frauen abgehängt fühlten, dann weil Männer ihren interessanten Berufen nachgingen und sie dagegen zu Hause feststeckten, Windeln wechselten, Essen kochten und die Wohnung putzten. Was einmal als eine wertvolle, erfüllende und stabilisierende Rolle gesehen wurde, erschien nun erdrückend. Genauso betrachtete man es als unfair, dass Männer die Versorger waren. Infolgedessen ließen viele Frauen ihr Hausfrauendasein hinter sich. Manche verließen ihre Ehemänner.

Mit der Zeit wurde die «Option» verheirateter Mütter, außerhalb des Heims zu arbeiten, eine Notwendigkeit. Zurück zum Hausfrauendasein war keine Möglichkeit mehr. Dann, als der Feminismus immer mehr mit marxistischen Ideen gekoppelt wurde, fing in den frühen Neunzigerjahren die dritte Welle des Feminismus an: Die Unterdrückung der Frau wurde als ein System betrachtet, das es aufzulösen galt.

Wenn du heute als Mann einer Frau hilfst, ihren Rollkoffer aus dem Handgepäckfach im Flugzeug zu holen, wirst du möglicherweise als frauenfeindlich bezeichnet. Wenn du einer Frau die Tür öffnest, nehmen manche an, du seist von der Gesellschaft konditioniert worden, zu denken, dass sie zu schwach ist, es selbst zu tun, und damit bist du ein Sexist. Meiner Meinung nach ist der Schaden, den dieses Denken verursacht, erheblich.

In ihrem bedeutenden Buch *The War against Boys: How Misguided Feminism Is Harming Our Young Men* (z. Dt.: Der Krieg gegen Jungen: Wie fehlgeleiteter Feminismus unseren jungen Männern schadet) stellte die Philosophin Christina Hoff Sommers fest: «Wir haben uns gegen Jungen gewandt und eine einfache Wahrheit hinter uns gelassen: Die Energie, Wettbewerbsstärke und körperliche Kühnheit von Männern sind für vieles verantwortlich, was auf dieser Welt richtig läuft.»[110] Mit anderen Worten: Wir haben die Stärken von Männern zu Opfern des modernen Feminismus gemacht, so ist, in Hoff Sommers Worten, Männlichkeit eine «soziale Krankheit» geworden.[111]

Ich denke, zu der Zeit, als die Vorurteile gegenüber Männern bei mir auftauchten, hatte ich manche dieser modernen feministischen Gedanken verinnerlicht, ohne es zu merken. Ich schrieb Männern die schlimmstmögliche Motivation zu und glaubte der Vorstellung, dass Frauen gegen Männer kämpfen müssten, statt Männer für das zu schätzen, wofür Gott sie gemacht hatte. Ich bin so dankbar, dass Gott diese giftige Wurzel aus meinem Herzen gezogen hat, bevor sie zu etwas Schlimmerem heranwuchs.

Mehr als zwanzig Jahre vor dem berühmten (oder berüchtigten, je nachdem, wen man fragt) Women's March auf Washington im Jahr 2017[112] hing ich nach einer Lobpreisbandprobe mit ein paar Freunden in Santa Monica, Kalifornien, ab. Wir besuchten eine kleine, liebenswürdige charismatische Gemeinde, in der von Obdachlosen bis zu aufstrebenden Hollywood-Schauspielern alle willkommen waren. Mich überkam das Verlangen, diese Wurzel, die sich in meiner Seele ausgebreitet hatte, zu bekennen. Eine meiner Freundinnen bot an, für mich zu beten. Sie betete, dass die Abneigung Männern gegenüber aus meinem Herzen gerissen und nie zurückkehren würde. In einer seltenen übernatürlichen Erfahrung riss Gott tatsächlich dieses Unkraut aus, bevor es zu etwas Schlimmerem heranwachsen konnte. Es kam nie wieder. Ich weiß, dass nicht jeder auf diese Art sofortige Freiheit erfährt, aber Gott schenkte sie mir und ich bin so dankbar dafür. Ich hatte weiterhin andere innere Kämpfe, aber diesen nicht mehr.

Ich bin eine Frau, hört mich brüllen

Es überrascht nicht, dass in der Bibel Frauen anders dargestellt werden, als es in der jeweiligen Kultur der Entstehungszeit üblich war. Zu der Zeit, als die Bücher des Alten Testaments zusammengestellt wurden, waren die Schutzvorkehrungen, Anweisungen und damit der Wert, der Frauen zugeschrieben wurde, außergewöhnlich. Als das Neue Testament geschrieben wurde, war es revolutionär. Zum Beispiel galten im Römischen Reich des ersten Jahrhunderts, in dem Jesus lebte, Frauen weniger als Männer. Die Gesellschaft erwartete von Ehefrauen Treue gegenüber ihren Ehemännern, aber es war absolut akzeptabel, dass Männer mit einer Vielzahl an Menschen Sex hatten, von Prostituierten über Geliebte bis hin zu Jünglingen.[113]

Kannst du dir vorstellen, wie sehr es der vorherrschenden Meinung widersprach, als der Apostel Paulus in 1. Thessalonicher 4,3–4 *Männern* befahl: «Hütet euch deshalb vor einem sexuell unmoralischen Leben» und mahnte: «Jeder von euch soll lernen, seinen Körper unter Kontrolle zu haben, so wie es Gott gefällt und in den Augen der Menschen anständig ist»? Was die Gesellschaft von Frauen erwartete, übertrug Paulus auch auf

Männer. Er ging in 1. Korinther 7,3–4 sogar noch weiter: «Der Mann gebe der Frau, was er ihr schuldig ist, desgleichen die Frau dem Mann. Die Frau verfügt nicht über ihren Leib, sondern der Mann. *Ebenso verfügt der Mann nicht über seinen Leib, sondern die Frau*» (LUT; Hervorhebung durch mich).

Ein Gelehrter erklärte einmal, dass es damals, kulturell gesprochen, nichts Besonderes war, zu sagen, dass der Ehemann über den Körper seiner Frau verfügte. «Die nachfolgende Aussage von Paulus, nach der umgedreht auch ‹der Mann nicht über seinen Leib verfügt, sondern die Frau›, ist jedoch ein deutlicher Hinweis auf eine radikale und noch nie dagewesene Einschränkung der sexuellen Freiheit des Mannes.»[114] Dies ist nur ein Beispiel für die Einstellung des Neuen Testaments gegenüber Frauen. Gehen wir aber noch ein bisschen zurück in der Geschichte, um ein noch besseres Bild davon zu bekommen, wie Gott eine Frau geschaffen hat.

In 1. Mose 1,26–27 lesen wir, dass Männer und Frauen nach dem Ebenbild Gottes geschaffen wurden. In den Versen 28–30 wird erklärt, dass Gott sie gesegnet und ihnen befohlen hat, fruchtbar zu sein und sich zu vermehren und über die Erde zu herrschen.

Beachte, dass Gott diesen Segen und diese Aufgabe beiden gegeben hat. Sie sind gleich in Bedeutung und Wert, aber sie sind auch anders. Von ihren Körpern bis zu ihren Rollen ergänzen sie einander in jeder Hinsicht.

1. Mose 2 beschreibt Näheres zur Herkunft der Frau. Nachdem er zuerst den Mann und die Tiere geschaffen hat, brachte Gott die Tiere zu Adam und beauftragte ihn damit, ihnen Namen zu geben. Dann steht in der Schrift: «Für sich selbst aber fand er niemanden, der zu ihm passte und ihm eine Hilfe sein könnte» (Vers 20). Also schuf Gott die erste Frau. Als Adam auf-

wachte und diese neue Schöpfung sah, sagte er das erste Gedicht der Weltgeschichte auf:

> Die ist nun Bein von meinem Bein
> und Fleisch von meinem Fleisch;
> man wird sie Männin nennen,
> weil sie vom Manne genommen ist.
>
> Vers 23 (LUT)

Bestimmt sagte er nichts dergleichen, als er die Tiere benannte! Wir können bereits den kostbaren Wert erkennen, der Frauen seit ihrer Erschaffung zukommt. Von der Sprache, mit der Gottes Wirken beschrieben wird, bis hin zur Reaktion des Mannes und der Rolle der Frau schreibt die Bibel der Frau einen Wert zu, der in der Antike einzigartig war. Der Alttestamentler K. A. Mathews drückt es so aus: «Diese vollständige Beschreibung der Erschaffung der Frau ist im Weltbild des alten Nahen Ostens ohnegleichen. Die hohe Wertschätzung der Hebräer für die Frau und ihre Stellung in der Schöpfung war in den antiken Zivilisationen beispiellos.»[115]

Das Wort, das auf Deutsch übersetzt «Helfer» heißt, ist das hebräische Wort *Ezer*. Es wird verwendet, um die Rolle Evas in Bezug auf Adam zu beschreiben. Woran denkst du, wenn du an einen «Helfer» denkst? An einen Diener oder Sklaven? An einen Butler oder ein Dienstmädchen? Wir können mehreren Missverständnissen erliegen, wenn wir nicht verstehen, was das Wort im hebräischen Original bedeutet und wie es in der Bibel verwendet wird.

Ezer bedeutet nicht Diener, jemand von geringerem Wert oder weniger Bedeutung. Es ist ein Wort, das Gott einige Male im Alten Testament benutzt hat, um sich selbst zu beschreiben. Als

David in Psalm 20,2–3 für den Schutz Israels und Gottes Hilfe am Tag der Not gebetet hatte, bat er Gott, seine *Ezer* oder «Hilfe» zu schicken. In einer anderen Bibelstelle ruft der Psalmist: «Ich schaue hinauf zu den Bergen – woher kann ich Hilfe [Ezer] erwarten? Meine Hilfe [Ezer] kommt vom HERRN, der Himmel und Erde gemacht hat!» (Psalm 121,1–2). In 2. Mose 18,4, als Mose sich daran erinnerte, wie Gott ihn vom Schwert des Pharaos bewahrt hatte, nannte er Gott «meine Hilfe» (von Ezer).

Dr. Mathews schrieb: «Es kann weder sprachlich noch aus dem Kontext der Erzählung des Garten Edens hergeleitet werden, dass die Frau ein geringerer Mensch ist, weil sie eine andere Rolle hat. […] Im Falle des biblischen Modells ist der ‹Helfer› ein unverzichtbarer ‹Partner› […], der zur Erfüllung des göttlichen Auftrags nötig ist. […] Was dem Mann fehlt, bringt die Frau zustande.»[116]

Biblisch gesehen wurden Frauen geschaffen, um eine Rolle einzunehmen, die von Natur aus würdevoll, schön und ebenso wichtig ist wie die Aufgabe, für die Männer geschaffen wurden. Aber dann kam der Sündenfall. Was gut geschaffen worden war, wurde verunstaltet und verzerrt. Dann verfluchte Gott den Mann, die Frau und den Erdboden. Aus dieser Rebellion gegen Gott und den daraus folgenden Flüchen entstehen alle Arten menschlicher Verderbtheit, zum Beispiel Frauenfeindlichkeit und die Misshandlung von Frauen. Es gibt außerdem die Überkorrektur in Form des modernen Feminismus und der Männerfeindlichkeit (sowie jede andere Art von Bosheit). Worum es geht: Dies alles ist ein Ergebnis des Sündenfalls – so wurde die Welt ursprünglich nicht erschaffen.

Ich weiß, das klingt nach einem ziemlich düsteren Bild. Weil es so ist. Manchmal denke ich, wir Menschen neigen dazu, unsere eigene Sündhaftigkeit herunterzuspielen und nicht zu erkennen, wie sehr unsere Sünde eine Beleidigung für einen heiligen Gott ist. Diese Verdrehungen dessen, wozu Gott uns geschaffen hat, sind Teil unserer gefallenen Welt.

Aber als Christen gehören wir zu Gottes Königreich. Jesus ist unser König und Herrscher. Wenn wir Christen werden, ordnen wir uns seinen Regeln … seiner Herrschaft … und seinen Wegen unter. Wir machen nicht immer alles perfekt, aber (erinnerst du dich an den Teil mit der Heiligung?) er ermächtigt uns durch den Heiligen Geist und gibt uns sein Wort, um unsere Gedanken Tag für Tag zu erneuern. Das bedeutet, dass unsere vergangenen Sünden nicht bestimmen, wer wir sind, und unsere wahre Kraft auch nicht darin begründet ist, was wir mögen oder nicht mögen, aus unserem ethnischen Hintergrund oder unserem Geschlecht.

Unsere wahre Kraftquelle
In der Bibel steht, dass der Heilige Geist …

in uns lebt	Johannes 14,17
uns hilft	Johannes 14,26
für uns eintritt	Römer 8,26–27
unsere Hoffnung durch seine Kraft wachsen lässt	Römer 15,13
uns erkennen lässt, was Gott uns geschenkt hat	1. Korinther 2,12
Gläubige im Leib Christi vereinigt	1. Korinther 12,12–13
uns Gemeinschaft bietet	2. Korinther 13,13
uns führt, sodass wir allen selbstsüchtigen Wünschen widerstehen können	Galater 5,16–18
uns sein Siegel aufdrückt	Epheser 1,13; 4,30
uns Freude in schwierigen Zeiten gibt	1. Thessalonicher 1,6
uns regeneriert und erneuert	Titus 3,5

In Römer 8,11 lese ich, dass derselbe Geist, der Jesus von den Toten auferweckt hat, in mir wohnt! Als eine Frau, besonders als Christin, finde ich so viel Trost und Frieden darin, zu wissen, dass der Heilige Geist, der in mir ist, mir wahre Stärke gibt – nicht die billige und weltliche «Macht» der ständigen Konkurrenz mit Männern um den besten Schlagabtausch oder die einflussreichste Karriere. Wenn wir unsere Gedanken auf die biblische Sicht von Macht umorientieren, stellen wir fest, dass wir in Harmonie miteinander arbeiten, nicht im Wettkampf. Ich tausche meine Vorurteile gegenüber Männern gern dagegen ein. Wahre Stärke ist nicht «Frauenpower». Man ermutigt Mädchen, indem man ihnen hilft, die besonderen Möglichkeiten und Eigenschaften, die Gott in Frauen hineingelegt hat, welche wunderschön, wertvoll und kostbar für ihn sind, anzunehmen und zu feiern.

Manchmal findet man solche Frauen an den Orten, wo man sie am wenigsten vermutet. Aber wenn Jesus das Zentrum unseres Lebens wird, ist alles möglich.

13.
Todesmarsch

Leb *die* Wahrheit

Die meisten von uns werden nicht für den Glauben sterben müssen, auch wenn es selbst für die Menschen im Westen so kommen könnte. Aber wir werden alle in Situationen geraten, in denen wir zwischen Christus und etwas anderem entscheiden müssen, das um unsere uneingeschränkte Loyalität buhlt.[117]

Gerald Sittser: Water from a Deep Well
(z. Dt.: Wasser aus einem tiefen Brunnen)

Vor ein paar Jahren hatte ich während einer Missionsreise die seltene Gelegenheit, ein Frauengefängnis in Lateinamerika zu besuchen. Normalerweise erlaubte die Gefängnisverwaltung ausländischen Gruppen, vor allem solchen aus den USA, nicht, sich die Einrichtung anzusehen und mit den Frauen zu sprechen. Aber weil eine Missionarin vor Ort, die ich Mary nennen werde, Beziehungen aufgebaut und sich das Vertrauen der Gefängnisbeamten erarbeitet hatte, durften ein paar andere aus unserer Organisation und ich hinein und die Gefangenen besuchen. Wie ich es verstehe, waren wir eine der ganz wenigen ausländischen Gruppen, die je die Einrichtung betreten durften.

Am Tag unseres Besuchs fuhr unser Kleinbus die ungepflasterte Straße entlang und parkte vor dem staubigen Holztor zwischen Ziegelmauern mit Stacheldrahtzaun. Wir stiegen aus dem Auto und gingen an einer langen Warteschlange von Besuchern vorbei. Die Schlange verlief entlang der seitlichen Mauer und der Rückseite des Gebäudes. Mir fiel auf, dass viele der Besucher Plastiktüten in der Hand hielten. Darin war alles Mögliche: von Brot und Orangen über Unterwäsche bis hin zu Hygieneartikeln für Frauen. Ich fand es seltsam, dass fast alle Besucher, an denen wir vorbeikamen, Männer waren, dachte aber nicht weiter darüber nach. Ich ging weiter zum Empfangsschalter, wo mir ein länglicher Stempel mit spanischer Schrift auf den Vorderarm gestempelt wurde. Dieses blaue rechteckige Zeichen war meine Erlaubnis, das Gefängnis am Ende wieder durch die Eingangstür verlassen zu dürfen. Obwohl es nur Tinte auf meiner Haut war, lastete deren Bedeutung schwer auf meinem Herzen.

Auf dem Weg zum Schotterplatz in der Mitte des Geländes kamen wir an einigen baufälligen Gebäuden vorbei. Während wir einen stickigen Gang entlanggingen, der den Außenbereich mit dem allgemeinen Versammlungsraum und dem Wohnbereich verband, erklärte Mary, wie es in den Gefängnissen jenes Landes vor sich ging: «Viele der Frauen sind entweder zu Unrecht beschuldigt oder des Drogenhandels angeklagt worden. Die meisten kommen von hier, aber es gibt auch ein paar Frauen aus den USA und dem Vereinigten Königreich.»

Ich war fassungslos, als sie die Korruption bei der Polizei und den Gerichten beschrieb. Wir erfuhren, dass eine der Gefangenen eine Amerikanerin war, die hier im Urlaub einen Mann kennengelernt und eine Affäre mit ihm gehabt hatte. Während sie schlief, versteckte er Drogen in ihrem Koffer. Sie wurde am Flughafen erwischt und wegen Schmuggels angeklagt. Es dauerte zwei Jahre, bis es zu einer Verhandlung kam, die eigentlich nur eine Verurteilung war. Sie wurde zu acht Jahren verurteilt. Eine andere Frau, eine Reporterin aus Irland, hatte Ähnliches erlebt. Eine weitere Gefangene saß einfach zur falschen Zeit und am falschen Ort auf einer Bank. Wegen verdächtigen Verhaltens verhaftet, saß sie seit Jahren ohne Prozess im Gefängnis, und es war noch nicht einmal ein Gerichtstermin festgesetzt worden. Eine andere Frau wurde des Drogenhandels für schuldig befunden, nachdem sie versucht hatte, sich in einer verzweifelten Situation etwas Geld dazuzuverdienen. Sie hatte keinen fairen Prozess erhalten.

Ich empfand großes Unbehagen aufgrund dieser Ungerechtigkeiten und fragte Mary: «Wie können sie es ohne Prozess und ohne ordnungsgemäße Anklage oder Rechtsbeistand hier aushalten?» Was als eine Last in meinem Herzen begann, wurde zu einem starken Schmerz in der Brust, der sich wie ein Pfeil in meine Eingeweide bohrte. Diese Frauen steckten hier fest. Aber das war nicht das Schlimmste.

Ich hatte in den USA schon einmal Gefängnisseelsorge gemacht. So war meine Vorstellung von Gefängnissen von dieser Erfahrung geprägt worden (und, um ehrlich zu sein, wahrscheinlich auch von Fernsehsendungen und Filmen), aber dieses Gefängnis unterschied sich fundamental von allem, was ich kannte. In diesem Land bedeutete im Gefängnis sein einfach, hinter einem Tor eingesperrt zu sein. Man kann nicht weg. Es bedeutet *nicht*, dass man ein Recht auf Nahrung, Wasser, Kleidung, ein Bett, Toilettenartikel oder irgendetwas anderes hat, das man während seines Aufenthalts benötigt. Wenn man in einem Zimmer schlafen möchte, bezahlt man Miete. Wenn man auf einer Matratze schlafen möchte, muss man sich eine besorgen. Wenn man essen möchte, muss man sich welches kaufen. Wenn man Kinder hat, können sie bei einem bleiben, bis sie acht Jahre alt sind, dann müssen sie gehen.

Mary erklärte, dass viele der Frauen gezwungen waren, sich zu prostituieren, um ihre Grundbedürfnisse zu decken. Das erklärte die lange Schlange von Männern, die warteten, um die Frauen zu «besuchen», um Sex gegen Essen, Toilettenartikel, Windeln, Babynahrung und Kleidung einzutauschen. «Das Männergefängnis ist noch viel schlimmer», stellte sie nüchtern fest.

Mary kannte jeden. Sie kam seit Jahren in das Gefängnis, um einigen der Frauen zu helfen, ein Geschäft zu gründen, damit sie sich nicht prostituieren mussten. Sie gestalteten Grußkarten, die Mary dann in Gemeinden und bei anderen Veranstaltungen verkaufte. Sie erzählte den Frauen auch vom Evangelium und von der Liebe Jesu. Wir gingen an ein paar Frauen mit erschöpften, bleichen Gesichtern vorbei, gezeichnet von der Härte des Gefängnisalltags. Mary grüßte, umarmte und ermutigte sie, während wir unseren Weg zum großen Versammlungsraum fortsetzten, wo wir von etwa einem Dutzend lächelnder Frauen begrüßt wurden. Die Wärme, anhaltende Freude und der Frieden, den sie ausstrahlten, unterschieden sich gewaltig von der Leere, die wir in den fahlen Gesichtern der Frauen im Flur gesehen hatten. Ich fragte Mary, wer diese fröhlichen Frauen waren. Sie sagte mir: «Das sind die Christen.» Der Unterschied war erstaunlich. Hier, an einem Ort, den man nur als schmutzige und trostlose Grube aus Dreck, Ziegeln, Stahl und Verzweiflung bezeichnen kann, strahlten diese Frauen echte Freude aus.

Nachdem wir mit der kleinen Gruppe von christlichen Frauen gebetet und sie dann etwa eine Stunde lang im Lobpreis angeleitet hatten, wurden wir durch einen anderen Flur in einen der Wohntrakte geführt. Er bestand von oben bis unten aus massivem Beton. Frauen waren in kleinen Räumen zusammengepfercht, in denen ihre Holzkojen übereinander an den Wänden befestigt waren. Einige der Insassinnen hatten Fotos und Schmuck in dem winzigen Bereich angebracht, den sie ihr Eigen nennen konnten. Manche hatten Matratzen, andere schliefen auf dem Boden.

Nachdem wir uns den Schlafbereich angeschaut hatten, wurden wir über eine Betontreppe zu einer behelfsmäßigen Gemeinschaftsküche geführt. Eine Gefangene kam strahlend auf mich zu und gestikulierte, dass ich mich an den klapprigen Holztisch setzen sollte, der mit einer Plastiktischdecke bedeckt war. Ich konnte mich nicht erinnern, sie bei dem Treffen gesehen zu haben, und es wurde deutlich, dass sie zurückgeblieben war, um das Mittagessen für unsere Gruppe zu kochen.

Ein kleiner Teller mit Nudeln und einer braunen Sauce wurde vor mich hingestellt. Die Emotionen überwältigten mich und ich fragte mich, was sie geopfert haben mochte, um mehreren Leuten von außerhalb eine Mahlzeit servieren zu können. Ich zögerte zu essen, weil ich ahnte, was es sie gekostet haben könnte. Ich schaute in ihr Gesicht, das Wärme und Frieden ausstrahlte. An einem Ort wie diesem musste sich jede Frau durchschlagen und kämpfen und wer weiß, was noch alles, um das Nötigste zu bekommen – und sie wollte uns dienen.

Sie stellte andere an die erste Stelle. Ich schätze, ihre Belohnung ist größer, als ich mir vorstellen kann, sowohl in diesem als auch im nächsten Leben. Damals, als ich in der christlichen Musikszene unterwegs war, habe ich in einigen sehr ausgefallenen Restaurants gegessen. Aber diese Mahlzeit war bei Weitem die bedeutungsvollste und wertvollste Mahlzeit, die mir jemals vorgesetzt wurde, und ich habe jeden Bissen gegessen.

Kultur wird zum Kult

Es gab eine Zeit, da hatten Christen einen schlechten Ruf. In den ersten Jahrhunderten nach Jesus' Leben auf der Erde ging das Gerücht um, dass sie Fleisch essen und Blut trinken würden. Manche dachten, Christen wären Kannibalen. Wegen des Ausspruchs «Grüßt euch untereinander mit dem heiligen Kuss» (Römer 16,16; LUT) dachten andere, sie gehörten zu einem geheimen Sexkult. Die Christen weigerten sich, das Pantheon der Götter anzuerkennen, was andere zu der Aussage veranlasste: «Die sind ein Haufen Atheisten!» Christen wurden auf vielfältige Weise zu Ausgestoßenen der römisch-griechischen Welt. Zuweilen wurden sie öffentlich verfolgt, den Löwen vorgeworfen oder als menschliche Fackeln verwendet, um den Garten des Kaisers zu beleuchten. Zu anderen Zeiten betrachtete man sie lediglich als unhöflich, weil sie sich nicht vor dem Hausgott verbeugten, wenn sie bei Freunden eingeladen waren.

Kannst du dir den Druck vorstellen? Ich meine, eine kleine Verbeugung ... das ist doch nicht schlimm, oder? Echte Christen konnten das nicht machen, und das brachte sie in Konflikt mit den gesellschaftlichen Normen. Christen waren schon immer anders. Und wie ich meiner Tochter immer sage: «Stell dich auf das Wort Gottes, denn die Kultur verändert sich ständig. Kultur wird zum Kult.»

Genau darum geht es in diesem ganzen Buch, oder nicht? Wir erkunden die ich-zentrierten, kulturellen Lügen, die uns nicht nur ängstlich, selbstbezogen und erschöpft machen, sondern dem widersprechen, wie Gott uns laut Bibel anweist zu leben. Aber wie können wir das in einer Kultur tun, die sich verändert und jeden Tag weiter von der Wahrheit entfernt?

Ich möchte dir drei praktische Tipps mit auf den Weg geben, wie man in einer Kultur, die dem Christentum konträr gegenübersteht, die Wahrheit des Evangeliums lebt. Die Frauen, die ich in dem lateinamerikanischen Gefängnis kennengelernt habe, haben diese Perspektive vorgelebt und mit Gottes Hilfe können wir das auch.

1. Kenne die Wahrheit. «Paul ist tot», sagte mein Vater zu mir. Ich schaute auf das Cover des Abbey-Road-Albums der Beatles, das auf dem Schreibtisch meines Vaters in seinem umgebauten Garagenbüro stand. In Wirklichkeit war es eher ein Tonstudio mit Regalen voller Schallplatten, Tonbändern, Musikzeitschriften, Kassetten und verschiedenen Büchern.

Als ich mir das Titelbild ansah, auf dem die vier Musiker im Gänsemarsch über einen Londoner Zebrastreifen gingen, zeigte mein Vater auf den Mann mit der Zigarette in der Hand: «Siehst du, dass Paul barfuß ist? Das ist der Grund, weshalb die Leute denken, er sei tot ... als wäre es ein Zeichen», erklärte er.

Ich war ungefähr zehn Jahre alt, als er mir einen Crashkurs in der Mutter aller Verschwörungstheorien gab, die besagte, dass der geliebte Beatle Paul McCartney 1966 gestorben und durch einen Doppelgänger ersetzt worden sei.

«Was?», fragte ich, verwirrt von dieser so offensichtlich albernen Vorstellung. Würden die Leute, die ihm am nächsten standen, nicht erkennen, dass der andere eine Fälschung war? Damit konnte man doch unmöglich durchkommen! Ich dachte an seine engste Familie. Wenn es einen falschen McCartney gäbe, würden sie es sicher mitbekommen und die Sache richtigstellen wollen. Man könnte vielleicht ein paar Leute täuschen, die mit dem Aussehen, den Eigenheiten, der Gesangsstimme und der Körpersprache eines Mr. Paul McCartney nicht so vertraut waren. Aber seine engsten Freunde und seine Familie würde man niemals täuschen. Denn die wussten ja, wie der echte war, und würden eine Fälschung sofort erkennen.

Genauso wichtig ist es, dass wir uns mit dem wahren Christentum vertraut machen. Das Studium der Kirchengeschichte, Apologetik, Theologie und der Bibel kann uns dabei helfen, uns vor den vielen falschen Versionen des Christentums zu schützen, denen wir unweigerlich begegnen. Zu wissen, was wahres Christentum ist, bedeutet, den wahren Jesus zu kennen.

Wie können wir das tun?

Es gibt vier unabhängige Quellen über das Leben von Jesus in den Evangelien von Matthäus, Markus, Lukas und Johannes. In der Geschichtswissenschaft werden Fakten, für die es mehrere eindeutige Zeugen gibt, als zuverlässig angesehen. Diese vier Bücher sagen uns alles, was wir über Jesus wissen müssen.

In unserer Gesellschaft werden oft falsche Botschaften darüber verbreitet, was es bedeutet, ein gutes Leben zu führen. Daran wurde ich erinnert, als eine Freundin und ich beschlossen, gemeinsam ein Buch zu lesen. Das Buch handelte davon, wie wir in Freiheit leben können, indem wir unser wahres inneres Ich annehmen. Es war ein Bestseller, geschrieben von einer Frau, die sich als Christin bezeichnet. Die Autorin hatte eine Menge über die Person Jesus zu sagen. Das Buch vermittelt, dass in Jesus jeder dazugehört. Es beschreibt Gott als vergleichbar mit «verrückten, besessenen Eltern, die nie aufhören wollen, über uns zu reden».[118]

Während eines Spaziergangs mit meiner Freundin im Park bemerkte sie: «Weißt du, ich lese gerade dieses Buch und die Evangelien gleichzeitig. Es ist verblüffend, wie unterschiedlich die Evangelien Jesus im Vergleich zu diesem Buch beschreiben. Es ist, als würde ich über zwei völlig verschiedene Menschen lesen.» In dem Moment, als sie das sagte, hatte ich eine Erleuchtung. Wenn wir uns mit der Wirklichkeit vertraut machen, lassen wir uns nicht von einer Kopie täuschen. Wir erkennen augenblicklich die gefälschte Version.

Als Christen müssen wir zulassen, dass unsere Wahrnehmung von Jesus durch die Heilige Schrift geleitet wird und nicht von Erfahrungen, mystischen Begegnungen und Träumen. Es gibt auf jeden Fall einen angemessenen Platz für Gefühle, wenn es um unsere Beziehung zu Jesus geht. Ich werde sehr emotional, wenn ich Gott Loblieder singe und seinen Namen preise. Aber wir sollten nicht zulassen, dass unsere subjektiven Gefühle und Emotionen unser geistliches Leben bestimmen. Unsere Gefühle sollten auf die Wahrheit reagieren, wer Gott ist, und nicht definieren, was wir glauben, dass er ist. Wenn wir die Wahrheit kennen, können unsere Emotionen den ihnen zustehenden Platz einnehmen. Wenn wir uns von der Wahrheit abkoppeln, sind wir der Willkür unserer wechselnden Gefühle, Stimmungen, Wahrnehmungen und Vorlieben ausgeliefert.

2. Sei bereit, in kleinen Dingen zu leiden. Vivia Perpetua war eine 22-jährige, hochgebildete Adelige, außerdem Ehefrau, stillende Mutter und neugeborene Christin. Sie lebte Anfang des dritten Jahrhunderts in der nordafrikanischen Stadt Karthago, in der es eine blühende christliche Gemeinde gab, welche die wichtigste nordafrikanische Stadt im Römischen Reich war. Nachdem Kaiser Septimius Severus ein Edikt erließ, wodurch verboten wurde, zum Christentum oder Judentum zu konvertieren, wurde Perpetua zusammen mit anderen Christen verhaftet. Wir kennen ihre Geschichte, weil ihr Tagebuch ein seltenes Beispiel für einen Text ist, der von einer Frau in der Antike geschrieben wurde. Nach ihrem Märtyrertod wurde ihre Geschichte von einem Zeitgenossen vollendet, möglicherweise dem Kirchenvater Tertullian, der damals in Karthago lebte.

Wenige Tage vor ihrer Hinrichtung flehte ihr Vater sie an, sich um ihres kleinen Kindes willen zu retten. Sie antwortete, indem sie auf einen kleinen Krug zeigte und ihn fragte, ob er den Krug oder etwas anderes gesehen habe. Er bestätigte, dass er einen Krug sah. Sie sagte ihm dann, dass man diesen Krug nicht als etwas bezeichnen könne, was er nicht sei, und man könne sie nicht anders nennen als das, was sie sei: eine Christin.

Dass Perpetua sich weigerte, Worte neu zu definieren, erfüllt mich mit Freude. Sie hätte nur das Wort *Christin* neu definieren müssen. Das wäre so einfach gewesen! Sie hätte so etwas sagen können wie: «Nun, das Wort *Christin* bringt eine Menge Schwierigkeiten mit sich, also nenne ich mich gerne anders.» Sie hätte ihre eigene Haut mit einem kleinen Sprachtrick retten können, aber sie weigerte sich. Wenn wir doch nur ihrem Beispiel folgen würden!

Während diese frühen Christen auf ihr Schicksal warteten, wurden sie in einem Kerker untergebracht, den Perpetua als düster und beängstigend beschrieb: «Ich hatte sehr viel Angst, denn ich hatte noch nie eine solche Dunkelheit gespürt», schrieb sie. Ihr Vater flehte sie immer wieder an und betonte, wie sehr ihr Tod ihre Mutter, ihre Brüder und vor allem ihren

Sohn betrüben würde, der im Falle ihres Todes wahrscheinlich nicht überleben würde. Sie blieb entschlossen. Sie versuchte, ihren Vater mit diesen Worten zu trösten: «Auf dem Schafott wird geschehen, was Gott will. Denn wir wissen, dass wir nicht unserer, sondern Gottes Macht unterstehen.»

Bei dem Verhör im Rathaus hatte sie eine letzte Gelegenheit, zu widerrufen und ihr Leben zu retten. Als sie an die Reihe kam, erschien ihr Vater mit ihrem Säugling auf dem Arm und flehte sie an, Mitleid zu haben. Der Prokonsul versuchte, sie zu überreden, ihren Vater, ihr Kind und sich selbst zu verschonen, indem sie eine einfache Frage mit einem Nein beantwortete. Dann fragte er: «Bist du Christin?» Sie antwortete: «Ich bin Christin.»[119]

Sie berichtet, dass sie tiefe Trauer empfand, als der Prokonsul anordnete, ihren Vater zu schlagen. Schließlich wurden Perpetua und ihre Gefährten in die Arena geführt. Nachdem sie die Angriffe der wilden Tiere überlebte, starb sie durch das Schwert eines Gladiators. Ich finde, Perpetuas Geschichte ist einer der beeindruckendsten Berichte des christlichen Märtyrertums in der Geschichte.

Offensichtlich müssen wir heute im Westen nicht befürchten, wegen unseres Glaubens von einem Stier in einer Gladiatorenarena aufgespießt zu werden. Warum verwende ich dann ein so extremes Beispiel? Was hat *Leb deine Wahrheit* mit Verfolgung im dritten Jahrhundert zu tun? Die meisten Christen in der westlichen Zivilisation werden dieses Ausmaß an Verfolgung nicht erleben. Für die meisten von uns heute bedeutet Widerstand wegen unserer Überzeugungen, dass wir einen gemeinen Facebook-Kommentar ertragen müssen, zu einer Party nicht eingeladen oder als «intolerant», «bigott» oder «engstirnig» bezeichnet werden. Einige werden es in etwas grundlegenderen

Dingen erleben, indem ihnen Möglichkeiten verwehrt werden, sie sich an ihrem Arbeitsplatz geächtet fühlen oder sie sogar ihre Existenzgrundlage verlieren.

Aber es ist so wichtig zu erkennen, dass wir, unabhängig vom Ausmaß der Verfolgung, die ein Christ zu ertragen hat, aufgerufen sind, immer treu und bereit zu sein. Wir sind aufgefordert, innerlich zu sterben, unser Kreuz auf uns zu nehmen und Jesus nachzufolgen. Selbst in der wohlhabendsten und «tolerantesten» Gesellschaft werden wir Unbehagen verspüren und müssen uns jeden Tag auf Jesus verlassen.

Übe dich jetzt in Treue und du wirst automatisch in den kleinen Dingen leiden. Das gehört dazu. Vielleicht versteckst du deinen Glauben in den sozialen Medien, aus Angst vor Gegenreaktionen. Vielleicht bist du Lehrer an einer Schule, an der Druck ausgeübt wird, einen bestimmten Aufkleber an deine Tür zu kleben, der zeigt, dass du die neue gesellschaftliche Sexualethik bejahst. Vielleicht hast du Angst, das Evangelium deinen nichtgläubigen Freunden zu erzählen – wegen der Dinge, die sie über dich denken könnten. Es ist so verlockend, hier und da kleine Zugeständnisse zu machen. Ähnlich wie die ersten Christen, die den kulturellen Druck spürten, sich dem Hausgott zu beugen, müssen wir den kleinen Kompromissen widerstehen, wenn wir stark genug sein wollen, den großen Kompromissen zu widerstehen, wenn sie kommen. Wir müssen in den Dingen treu sein, die uns unbedeutend erscheinen. Nur so können wir uns vorbereiten, auch treu zu sein, wenn unser Leben auf dem Spiel steht.

In seinem Kommentar über das christliche Märtyrertum hat Gerald L. Sittser weise geschrieben:

Die meisten von uns werden nicht für ihren Glauben sterben müssen, auch wenn es selbst für die Menschen im Westen so kommen könnte. Aber wir werden alle in Situationen geraten, in denen wir zwischen Christus und etwas anderem entscheiden müssen, das um unsere uneingeschränkte Loyalität buhlt. Die frühen Märtyrer – Perpetua, Polykarp und viele andere – haben sich nicht für das Märtyrertum entschieden, zumindest nicht direkt. [...] Sie haben sich entschieden, Christus treu zu bleiben; Märtyrertum war nur das Ergebnis davon.[120]

3. Verpflichte dich der Wahrheit, komme, was wolle. Wenn du ein Nachfolger von Jesus wirst, fängst du an zu riechen. Wusstest du das? Der Apostel Paulus beschreibt, dass Gott ihn und seine Mitchristen in einen «Triumphzug» führte und sich durch sie «die Erkenntnis Gottes wie ein angenehmer Duft» verbreitete, als sie das Evangelium predigten (2. Korinther 2,14). Zur Zeit von Paulus hielten die Soldaten des Römischen Reiches diese Triumphzüge nach einem Krieg ab, um ihren Sieg zu feiern. Sie verbrannten Weihrauch für die Götter, und die siegreichen Soldaten zogen unter dem Jubel der Menge durch die Straßen. Für sie war der Geruch des Weihrauchs mit Festlichkeit und Freude verbunden. Aber in den besiegten Kriegsgefangenen dürfte der Geruch des Weihrauchs starke Ängste im Blick auf ihre düstere Zukunft ausgelöst haben, die entweder Sklaverei oder den Tod bedeutete. Ein Geruch, zwei grundverschiedene Reaktionen.

Als Paulus Folgendes sagte, war es ähnlich wie bei einer römischen Prozession: «Ob die Menschen nun die Botschaft annehmen und gerettet werden oder sie ablehnen und verloren gehen: Durch Christus sind wir ein Wohlgeruch für Gott» (Vers 15). Für die einen roch es nach Leben, für die anderen nach Tod. Es gab keinen Mittelweg. So ist es auch mit dem Evangelium, nicht wahr? Es steht radikal im Gegensatz zu unserer Kultur.

Achte darauf, wie Jesus die Menschen einlud, ihm zu folgen. Anstatt sie mit sanfter Musik und emotionalen Appellen zu überreden, schien er es ihnen oft ausreden zu wollen! Erinnere dich zum Beispiel an den reichen jungen Mann, über den wir in Kapitel 11 sprachen. Er fragte Jesus, was er tun müsse, um das ewige Leben zu erlangen. Jesus sagte nicht: «Neige dein Haupt, schließ die Augen und bitte mich in dein Herz.» Nein. Jesus sagte dem Mann nicht nur, dass er das Gesetz halten solle, er forderte ihn auch auf, all seine Sachen zu verkaufen.

Nachdem er viele Menschen mit der Speisung der Fünftausend verblüfft hatte, sagte Jesus ihnen, sie müssten sein Fleisch essen und sein Blut trinken (Johannes 6,53–55). Die Bibel erzählt uns, dass diese Aussage viele Menschen so entsetzte, dass sie sich von ihm abwandten (Vers 66).

Er hat nie gezögert, den Menschen die Wahrheit zu sagen. In Johannes 4 lesen wir, wie Christus der Frau am Brunnen lebendiges Wasser anbot und dann darauf hinwies, dass sie fünf Ehemänner gehabt hatte und derzeit mit einem Mann zusammenlebte, der nicht ihr Ehemann war. Jesus sagte seinen Jüngern, wenn sie ihm nachfolgen wollten, müssten sie sich selbst verleugnen und ihr Kreuz auf sich nehmen (Matthäus 16,24). Er war nicht gerade bemüht, es den Suchenden leicht zu machen.

In seinem Buch *Awake and Alive to Truth: Finding Truth in the Chaos of a Relativistic World* (z. Dt.: Wach und lebendig für die Wahrheit: Wahrheitsfindung im Chaos einer relativistischen Welt) zeigt John Cooper auf: «In den USA neigen wir dazu, Menschen anzubetteln, dass sie Jesus nachfolgen. Wir machen es ihnen so einfach wie möglich. Wir wollen niemandem zu nahe treten und auf keinen Fall die ganze Wahrheit sagen, für den Fall, dass die Menschen nicht folgen wollen! Jesus war nicht annähernd so zurückhaltend.»[121]

Jesus hat kein Blatt vor den Mund genommen. Er sprach immer die Wahrheit und versuchte nicht, den Schock abzumildern. Jesus wusste, dass Christ zu werden das Leben komplizierter und manchmal ungeheuer herausfordernd machen kann. Wenn wir ein paar der Zusagen betrachten, die Jesus seinen Nachfolgern gemacht hat, werden wir feststellen: Sie sind ziemlich ernst und negativ.

Er versprach, dass wir in diesem Leben unter Bedrängnis leiden werden (Johannes 16,33). Er versprach Verfolgung (Johannes 15,20). Er versprach, dass die Welt uns hassen wird (Matthäus 10,22). Aber weil Christus zu kennen so lieblich duftet, halten wir diese harten Umstände aus, weil wir an die *anderen* Dinge denken, die Jesus uns auch versprochen hat.

Er versicherte uns, dass, wer ihm nachfolgt, nicht in der Finsternis wandeln, sondern das Licht des Lebens haben wird (Johannes 8,12). Er versprach, dass der Heilige Geist unser Helfer sein wird (Johannes 14,26). Er versprach, dass wir in ihm Frieden haben werden und Mut fassen können, weil er die Welt überwunden hat (Johannes 16,33). Er versprach, dass wir in ihm Ruhe für unsere Seelen finden werden (Matthäus 11,29). Er versprach, dass wir nie sterben, sondern ewiges Leben haben werden (Johannes 3,16). Er versprach, dass der Tod eines Tages nicht mehr sein wird und all unsere Tränen für immer weggewischt werden (Offenbarung 21,4).

Darum ist den «Duft Christus zu kennen» so lieblich für diejenigen, die gerettet sind. Wir wissen, wie es der Apostel Paulus in 2. Korinther 4,17 ausgedrückt hat: «Was wir jetzt leiden müssen, dauert nicht lange. Es ist leicht zu ertragen und bringt uns eine unendliche, unvorstellbare Herrlichkeit.»

Christen müssen weiterhin treu *die* Wahrheit aussprechen und leben, weil wir bereits erkannt haben, dass so etwas wie «deine Wahrheit» nicht existiert. Wir müssen den Wohlgeruch Christi überall verbreiten, in dem Wissen, dass er manchen Leuten stinken wird. Aber für die, die gerettet sind, wird er nach Hoffnung, Leben und Frieden duften.

Das Kreuz

In einer Welt, welche die Botschaften, «Du bist genug», «Du bist perfekt, wie du bist» und «Folge deinem Herzen» feilbietet, kann sich die Vorstellung, dass «du ein Sünder bist, der einen Erretter braucht» wie ein Todesmarsch anfühlen. Denn in vielerlei Hinsicht ist es das auch.

Als ich Teenager war, schenkten mir meine Eltern zu Weihnachten eine Goldkette mit einem winzigen Kreuz dran. Seit ich Dana Scully in der beliebten Fernsehserie Akte X eine hatte tragen sehen, wollte ich unbedingt eine haben. Ich trug sie ständig, immer im Bewusstsein des Glanzes, den sie ausstrahlte, wenn die Sonne auf sie schien. Ich liebte dieses Kreuz, das erste echte Schmuckstück, das mir gehörte. Ich schätzte es als ein persönliches Geschenk und auch, weil es so filigran war. Auffälliger Schmuck passte noch nie zu mir. Außerdem bestand das Kreuz aus 24-karätigem Gold – für mich eine wirklich große Sache. Aber am wichtigsten war mir: Die Halskette symbolisierte meinen tiefen Glauben, dass Jesus für mich am Kreuz gestorben ist. Sie erinnerte mich an das Blut, das er vergossen hat, um mich zu retten und mich von meinen Sünden reinzuwaschen.

«Wer mein Jünger sein will, darf nicht mehr sich selbst in den Mittelpunkt stellen, sondern muss sein Kreuz täglich auf sich nehmen und mir nachfolgen», sagt Jesus seinen Jüngern in Lukas 9,23. Ich denke oft über diese Bibelstelle nach. Ich denke an meine schimmernde Halskette und den Glanz des Sieges, den sie repräsentiert.

Natürlich hätten Gläubige aus dem ersten Jahrhundert das nicht so gesehen. Das Kreuz war ein Todeswerkzeug ... und nicht nur irgendeins. Das Kreuz war bei Weitem die qualvollste Art zu sterben. Tatsächlich kommt das englische Wort *excruciating* (z. Dt.: unerträglich) vom lateinischen *excruciātus*, was so viel bedeutet wie quälen oder foltern. Aber es war nicht nur die körperlich schmerzhafteste Art zu sterben; es war auch die demütigendste. Die Kreuzigung war Verrätern, Sklaven und Staatsfeinden vorbehalten. Wenn römische Bürger ein Todesurteil erhielten, bekamen sie eine schnelle und würdevolle Hinrichtung – die Enthauptung.

Im ersten Jahrhundert war es für Christen ein zutiefst symbolischer Akt, ihr Kreuz auf sich zu nehmen, aber er konnte auch zu einer physischen Realität werden.

Vor Kurzem sprach ich auf einer Frauenkonferenz. Am nächsten Morgen wurde ich vom Pastor in einer Frage-und-Antwort-Runde im Gottesdienst gefragt: «Alisa, was kommt dir in den Sinn, wenn du an das Kreuz denkst?» Die Frage verblüffte mich, denn in einem solchen Rahmen stellen die Leute eine Vielzahl von Fragen über alles Mögliche, von der Zuverlässigkeit der Bibel über wissenschaftliche Beweise für Gott bis hin zu Irrlehren. Ich war auf eine anspruchsvolle, intellektuelle Frage vorbereitet, aber stattdessen stellte er mir eine sehr persönliche Frage über das Kreuz. Weißt du, was mir in diesem Moment klar wurde? Das Kreuz ist die Antwort auf jede Lüge, die mir sagt, dass ich alles, was ich brauche, in mir selbst finden kann.

Keine der Lügen, über die wir in diesem Buch gesprochen haben, kann im selben Raum wie das Kreuz existieren. Wenn du dir selbst genügen willst, kannst du das Kreuz nicht ertragen.

Es ist das Ärgernis, das uns zeigt, dass wir aus uns selbst nicht genügen, und es ist das Heilmittel für den Mangel, der aus unserem Nichtgenügen folgt. Es ist eine Torheit für die, die verloren sind (siehe 1. Korinther 1,18). In unserem Stolz setzen wir uns selbst auf den Thron unseres Lebens und bestehen darauf, dass unser Weg der bessere ist. Aber wie A. W. Tozer schrieb: «Im Herzen eines jeden Christen gibt es ein Kreuz und einen Thron, und der Christ sitzt auf dem Thron, bis er sich selbst ans Kreuz hängt.»[122] Das Kreuz wird niemals ein Werkzeug des Friedens sein, solange es nicht zum Werkzeug des Todes wird.

Als der Pfarrer mich also fragte, was mir in den Sinn kommt, wenn ich an das Kreuz denke, erinnerte ich mich an ein altes Lied, das ich geschrieben hatte:

Bring mich an den Ort, wo meine Seele ruhen kann
Führe mich zu dem Boden, wo das Wort Fleisch wurde
Zeig mir den Stamm, an dem sein Blut versiegte
Und ich werde unter seinem Schatten sitzen
Bis der Sturm vorbeizieht

O dieser blutbefleckte Stamm
An dem er für mich starb
Ich bin sicher unter seinem Schatten und ich bleibe
Bis der Sturm vorbeizieht

Alisa Childers: Until the Storm Blows By
(dt. Übers.: Debora Hübler)

Das Kreuz ist nicht nur ein Symbol der Errettung. Es ist ein Ort der Ruhe. Es ist der Ausweg aus der Erschöpfung und Unruhe, die kommt, wenn man es allein versucht. Lasst uns ehrlich sein. All die Lügen, über die wir in diesem Buch gesprochen haben, führen dazu, dass wir *uns* auf den Thron setzen. Wir wollen unser eigener Gott sein. Ansichten wie «Leb deine Wahrheit», «Du bist genug» und «Du bist dein eigener Herr» klingen nett, führen aber zu Selbstverehrung. Liebe Leserin, lieber Leser, wenn du und ich in die tiefsten Tiefen unseres Herzens schauen, was werden wir wohl immer dort finden? Einen Sünder, der einen Retter braucht.

Wir haben die Wahl. Wir können uns selbst anbeten oder uns selbst verleugnen. Wir können uns entscheiden, unserem Herzen zu folgen, oder wir können uns dafür entscheiden, Christus zu folgen. Wie der Prophet Elia zu den Israeliten sagte, als sie wankelmütig waren, wen sie anbeten sollten: «Wie lange wollt ihr auf beiden Seiten hinken? Ist der HERR Gott, so folgt ihm nach, ist es aber Baal, so folgt ihm!» (1. Könige 18,21; SL). Wir könnten es heute so ausdrücken: Wenn der HERR Gott ist, folge ihm nach; aber wenn du dein eigener Herr bist, dann folge dir selbst.

Christus nachzufolgen in einer Welt, die einem sagt, man solle sich selbst an erste Stelle setzen, ist ein schwieriger Weg. Er stinkt wie der Tod für die, die zugrunde gehen. Aber für diejenigen, die errettet sind, ist es Leben, Hoffnung und Frieden. Deine Wahrheit gibt es nicht. Deine Wahrheit bringt keine Hoffnung und rettet niemanden. Du musst *die* Wahrheit aussprechen und leben, koste es, was es wolle. Dein Lohn? Wie Jesus in Johannes 8,32 sagt: «Die Wahrheit wird euch frei machen» (LUT).

Die Wahrheit ist eine Person, und *Er* ist dein Lohn.

Danksagung

Ich möchte meiner Familie und meinen engen Freunden für ihre beständige Ermutigung, ihr Nachhaken und ihre Unterstützung danken. Ihr wisst, wer gemeint ist.

Mein tiefer Dank geht an alle, die mir mit Rat und Tat zur Seite standen, Hilfe anboten, Feedback gaben oder mich allgemein in diesem Schreibprozess ermutigten: Frank Turek, J. Warner Wallace, Greg Koukl, Diane Woerner, David Wolcott, Craig und Médine Keener, Natasha Crain, Krista Bontrager, Monique Duson und Teasi Cannon.

Besonderer Dank geht an Greg Byrd, Peggy Dangerfield, Amanda Newquist, John Galloway, Lauren Stephenson, Rachel Riley, Debra Goldstone, Nikki Treadway, Jaime Murphy, Bethany Weir, Melissa Griffin, Trent Jessup, Douglas Smith, Kimberly Joyce, Femi Fenojo, Mimi Kroeber, Todd McCallister, David Wood, Shannon Coleman, Michael und Christine Yager, Eryn Eubanks, Sally Brown, Brandi O'Neal, Janet Denton, Aubrey Gingerich, Austin Dams, Phil und Beth Stoner, Lisa Gravely, Natalie Marshall, Mark Whittle, Greg E. Potoski, Steve Wille, Julie Gandia, Michael Peasall, Kirk und Janet Linahan, Tanya Reilly, Stephen Panayiotou, Darren Tyler, Brian Jones, Chad Walworth, Caroline Rees, Maddisen Coleman, Heather Aneja, Ryan Smoke, Brandon und Carmen Standley, Mary Sutton, Kelsea Nemcek, Heidi Holm und Olivia Franks – danke für eure Unterstützung und eure Gebete!

Ron Beers und allen von Tyndale, danke noch mal, dass ihr an die Botschaft glaubt, die Gott mich zu schreiben berufen hat. Jon Farrar, danke, dass du dich für dieses Buch eingesetzt hast, und für deine Ermutigung und das Lektorat. Kim Miller, danke für deine Beständigkeit und dass du dafür sorgst, dass alles, was ich schreibe, korrekt, gut formuliert und verständlich ist. Kara Leonino, danke für deine Hilfe bei der Betreuung des Veröffentlichungsprozesses dieses Buches. Eva Winters und Dean Renninger, ich bin sehr dankbar für eure künstlerische Gestaltung des Buches. Cassidy Gage und Katie Dodillet, ich schätze die kreative Art und Weise, wie ihr die Menschen auf die Veröffentlichung dieses Buches aufmerksam gemacht habt.

Und ein Wort des Dankes an meinen Agenten, Bill Jensen: Deine geistliche und praktische Beratung spielten eine tragende Rolle während des ganzen Schreibprozesses, und ich bin so dankbar für deine Führung und Freundschaft.

Anmerkungen

1 Dt. Übersetzung aus der urheberrechtsfreien Quelle: Augustinus, Aurelius und Lachmann, Otto F. (Übers.): Bekenntnisse, in: Universitätsbibliothek Freiburg im Breisgau, 1888, https://www.ub.uni-freiburg.de/fileadmin/ub/referate/04/augustinus/bekennt1.htm, Zweites Buch - Sechstes Kapitel (zuletzt aufgerufen am 18.04.2023).

2 Tozer, A. W.: The Crucified Life: How to Live Out a Deeper Christian Experience, Hrsg. James L. Snyder, Bloomington, MN, USA: Bethany House, 2011, 15, Kindle.

3 Mental Health America: The State of Mental Health in America, in: https://www.mhanational.org/issues/state-mental-health-america (zuletzt aufgerufen am 04.04.2023); National Institute of Mental Health: Prevalence of Any Anxiety Disorder among Adolescents, in: https://www.nimh.nih.gov/health/statistics/any-anxiety-disorder#part_2578 (zuletzt aufgerufen am 04.04.2023).

4 Childers, Alisa: Ankern. Eine Verteidigung der biblischen Fundamente in postmodernen Gewässern, Fontis-Verlag Basel, 2021.

5 Mehr zur Verlässlichkeit der Bibel siehe Kapitel 7 meines Buches *Ankern.*

6 Dahl, Roald: Charlie und der große gläserne Fahrstuhl, Ausgabe von 1997, Übers. von Adolf Himmel, Reinbek bei Hamburg: Rowohlt, Zitat aus Abschnitt: «Herr Wonka geht zu weit».

7 Sayers, Dorothy: Letters to a Diminished Church: Passionate Arguments for the Relevance of Christian Doctrine, Nashville, TN, USA: W Publishing Group, 2004, S. 98.

8 Morgan Ferrer, Hillary: Mama Bear Apologetics: Empowering Your Kids to Challenge Cultural Lies, Eugene, OR, USA: Harvest House, 2019, S. 63.

9 Ferrer: Mama Bear Apologetics, 2019, S. 65–69.

10 «Question 1: What is the chief end of man?» in: The Westminster Shorter Catechism with Scripture Proofs, Edinburgh: Banner of Truth, 1998.

11 S. D. Smith: The Green Ember, Story Warren Books, 2015, Kindle-Version.

12 Pluckrose, Helen und Lindsay, James A.: Cynical Theories: How Activist Scholarship Made Everything about Race, Gender, and Identityand Why This Harms Everybody, Durham, NC: Pitchstone Publishing, 2006, S. 40.

13 Center for Action and Contemplation: The Cosmic Christ, 5. November 2015, https://cac.org/the-cosmic-christ-20151105/

14 Ferrer: Mama Bear Apologetics, S. 65–69.

15 Ich dokumentiere viele dieser Autoren, u. a. Josephus, Tacitus, Plinius der Jüngere, Thallus, Lucian und Celsus, in meinem Blog:

https://www.alisachilders.com/blog/10-historical-facts-about-jesus-from-non-christian-sources (auf Englisch).

[16] Zur Vertiefung empfehle ich: Habermas, Gary R., und Licona, Michael R.: The Case for the Resurrection of Jesus, Grand Rapids, MI: Kregel, 2004 (z. Dt.: Der Beweis der Auferstehung Jesu; Titel nur auf Englisch erhältlich). Siehe außerdem: Wright, N. T.: The Resurrection of the Son of God, Minneapolis: Fortress Press, 2003 (deutscher Titel: Wright, N. T.: Die Auferstehung des Sohnes Gottes, Marburg: Franke Buch GmbH, 2014). Die vier Fakten und Statistiken werden in Teil 2 von *The Case for the Resurrection of Jesus* behandelt.

[17] Lüdemann, Gerd: What Really Happened to Jesus?: A Historical Approach to the Resurrection, übersetzt von John Bowden, Louisville, KY: Westminster John Knox Press, 1995, S. 80. (deutscher Titel: «Was mit Jesus wirklich geschah. Die Auferstehung historisch betrachtet», Stuttgart 1995, Radius-Verlag GmbH).

[18] Ehrman, Bart: Questions on the Resurrection and My Personal Spiritual Experiences: Readers' Mailbag, in: Bart Ehrman Blog, 24. März 2017, https://ehrmanblog.org/questions-on-the-resurrection-and-my-personal-spiritual-experiences-readers-mailbag/

[19] Viele dieser Theorien werden in den Teilen 3 und 4 von *The Case for the Resurrection of Jesus* von Gary R. Habermas und Michael R. Licona erläutert und widerlegt.

[20] Doyle, Glennon: Ungezähmt, Hamburg: Rowohlt, 2020, S. 79–80; Kursivschrift im Original.

[21] Hatmaker, Jen: Fierce, Free, and Full of Fire: The Guide to Being Glorious You, Nashville: Nelson Books, 2020, S. 91.

[22] Hollis, Rachel: Didn't See That Coming: Putting Life Back Together When Your World Falls Apart, New York: Dey Street Books, 2020, S. 43.

[23] Doyle, Glennon: How Glennon Doyle Followed Her Truthand Why You Should Too, in: Oprah.com, https://www.oprah.com/inspiration/glennon-doyle-follow-your-personal-truth#ixzz6mCgQ8d7P (abgerufen am 18. März 2022).

[24] Barna Group and Impact 360 Institute, Gen Z, Band 2: Caring for Young Souls and Cultivating Resilience, 2021, Kapitel 1 und 3.

[25] Schulz, Kathryn: The Self in Self-Help, New York, 4. Januar 2013, https://nymag.com/health/self-help/2013/schulz-self-searching/; Sinclair, Marshall: Why the Self-Help Industry Is Dominating the U.S., Medium, 24. Februar 2019, https://medium.com/s/story/no-please-help-yourself-981058f3b7cf

[26] Sinclair: Why the Self-Help Industry Is Dominating the U.S.

[27] Melore, Chris: Nearly Half of Americans Think They're a Better Person Than EVERYONE They Know!, Study Finds, 6. Mai 2021,

https://www.studyfinds.org/half-americans-think-better-person-than-everyone/.

[28] Hatmaker, Jen: Fierce, Free, and Full of Fire: The Guide to Being Glorious You, Nashville: Nelson Books, 2020, S. 21.

[29] Hatmaker: Fierce, Free, and Full of Fire, S. 60.

[30] Hollis, Rachel: Schmink's dir ab Lass die Lügen los und lebe. Holzgerlingen: SCM Hänssler, 2019, S. 48.

[31] Stuckey, Allie Beth: You're Not Enough and That's Okay, New York: Sentinel, 2020, S. 9.

[32] Klassen, William: Love Your Enemies: Some Reflections on the Current Status of Research, in: The Love of Enemy and Nonretaliation in the New Testament, Hrsg. Willard M. Swartley, Louisville, KY: Westminster/John Knox Press, 1992, S. 13.

[33] Konfuzianismus: Analects 12:2; Buddhismus: Udanavarga 5.18; Hinduismus: Anushasana-parva, CXIII; Greek philosophy: Diogenes Laertius, Vit. phil.1.36.

[34] Wenn es dir schwerfällt zu glauben, dass Gott deinen Kampf versteht, könnte es guttun, Psalm 103 langsam zu lesen und über das nachzudenken, was David über das barmherzige und väterliche Wesen Gottes geschrieben hat. Nachdem er Gottes unerschütterliche Liebe, Vergebung und Barmherzigkeit beschrieben hat, erinnert David daran, dass Gott «weiß, was für ein Gebilde wir sind; er gedenkt daran, dass wir Staub sind» (Vers 14; LUT).

[35] Hollis, Rachel: Schmink's dir ab Lass die Lügen los und lebe. Holzgerlingen: SCM Hänssler, 2019, S. 19.

[36] Hollis, Rachel: Didn't See That Coming: Putting Life Back Together When Your World Falls Apart, New York: Dey Street Books, 2020, S. 75.

[37] Doyle, Glennon: Ungezähmt, Hamburg: Rowohlt, 2020, S. 88 f; Kursivschrift im Original.

[38] Hollis, Rachel: Schmink's dir ab – Lass die Lügen los und lebe, Holzgerlingen: SCM Hänssler, 2019, S. 49.

[39] Doyle, Glennon: Ungezähmt, S. 131; Kursivschrift im Original.

[40] Doyle, Glennon: Ungezähmt, S. 141–143; Kursivschrift im Original.

[41] Elliot, Elisabeth: Gib mir ein ruhiges Herz, © 2019 SCM Hänssler in der SCM Verlagsgruppe GmbH, Holzgerlingen.

[42] McCarthy, Cormac: Kein Land für alte Männer, Rowohlt, Hamburg 2015, Kindle-Ausgabe.

[43] Chariots of Fire, Warner Brothers Pictures, 1981.

[44] McCormack, Mark: Authenticity: Be True to Yourself, in: HRZone, 6. September 2016, https://www.hrzone.com/community/blogs/mark-mccormack/authenticity-be-true-to-yourself.

[45] The Big Personal Values List and Their Meanings, in: Harmonious

Way, https://harmoniousway.com/blog/the-big-personal-values-list-and-their-meanings/

[46] Britannica Dictionary, i. v. authentic, https://www.britannica.com/dictio nary/authentic (zuletzt aufgerufen am 11.04.2023).

[47] Capretto, Lisa: Why Brené Brown ‹Abandoned› the Churchand Why She Went Back, in: HuffPost, 16. Oktober 2015, https://www.huff post.com/entry/brene-brown-church_n_56200e7be4b069b4e1fb6e7a

[48] Brown, Brené: Braving the Wilderness, New York: Random House, 2017, S. 40.

[49] Hatmaker, Jen: Fierce, Free, and Full of Fire: The Guide to Being Glorious You, Nashville: Nelson Books, 2020, S. 8.

[50] Grudem, Wayne A.: Systematic Theology: An Introduction to Biblical Doctrine, Grand Rapids, MI: Zondervan Academic, 2020, S. 204.

[51] Hatmaker, Jen: Fierce, Free, and Full of Fire: The Guide to Being Glorious You, Nashville: Nelson Books, 2020, S. XIV.

[52] Koch, Kathy: 8 Great Smarts: Discover and Nurture Your Child's Intelligences, Chicago: Moody Publishers, 2016, S. 203.

[53] Berkhof, Louis: Systematic Theology: New Combined Edition, Grand Rapids, MI: Eerdmans, 1938, 1996, S. 73.

[54] Berkhof: Systematic Theology, S. 73.

[55] Ryrie, Charles C.: Basic Theology: A Popular Systematic Guide to Understanding Biblical Truth, Chicago: Moody Publishers, 1999, 442, Kindle.

[56] Ryrie: Basic Theology, 265, Kindle.

[57] Stott, John R. W.: The Letters of John: An Introduction and Commentary, Band 19, 2. Aufl., Downers Grove, IL: IVP Academic, 1988, S. 79.

[58] Großartiges Material über Sinn und Berufung findest du bei Cannon, Teasi: Lord, Where's My Calling? When the Big Question Becomes a Big Distraction, 2021 (selbst veröffentlicht).

[59] Dt. Übersetzung aus: http://www.william-shakespeare.de/hamlet/ham let1_5.htm (zuletzt aufgerufen am 18.04.2023).

[60] Dylan, Bob: Chronicles, Band 1, New York: Simon & Schuster, 2011, 4, Kindle.

[61] Meyer, Stephenie: Breaking Dawn, New York: Little, Brown & Co., 2008, S. 281.

[62] Kreeft, Peter: Fundamentals of the Faith: Essays in Christian Apologetics, San Francisco: Ignatius Press, 1988, S. 160. Siehe auch: https://www.peterkreeft.com/topics/heaven.htm.

[63] Hatmaker, Jen: Fierce, Free, and Full of Fire: The Guide to Being Glorious You, Nashville: Nelson Books, 2020, S. 113.

[64] Hollis, Rachel: Schmink's dir ab – Lass die Lügen los und lebe, Holzgerlingen: SCM Hänssler, 2019, S. 98.

[65] Mehr über das sogenannte «Argument des Begehrens» siehe Peter Kreeft: The Argument from Desire, in: PeterKreeft.com,

https://www.peterkreeft.com/topics/desire.htm. Mehr über seine Erklärung und Verteidigung des Arguments ist hier zu finden: https://www.pe terkreeft.com/audio/23_desire.htm (auf Englisch)

[66] Zora Neale Hurston, Vor ihren Augen sehen sie Gott. © 2011 editon fünf. Verlag Silke Weniger, Gräfelfing Deutsch von Hans-Ulrich Möhring, Kindle-Ausgabe.

[67] Keener, Craig und Keener, Médine Moussounga: Impossible Love: The True Story of an African Civil War, Miracles, and Hope against All Odds, Minneapolis: Chosen, 2016, S. 170.

[68] Keener und Keener: Impossible Love, S. 163.

[69] Die Studie trug den Titel «National Study of Youth and Religion» (z. Dt.: nationale Studie zur Jugend und Religion).

[70] Smith, Christian: Soul Searching: The Religious and Spiritual Lives of American Teenagers, New York: Oxford University Press, 2005, S. 162f.

[71] Vaughn, Ellen: Becoming Elisabeth Elliot, Nashville: B&H Publishing Group, 2020, xiv.

[72] Aragones, Matthew G.: How to Stop Talking Nonsense: The Myth of Redemptive Suffering, in: Patheos, 3. Mai 2020, https://www.pathe os.com/blogs/suspendedinherjar/2020/05/the-myth-of-redemptive-suf fering/#disqus_thread

[73] Hollis, Rachel: Schmink's dir ab – Lass die Lügen los und lebe, Holzgerlingen: SCM Hänssler, 2019, S. 7.

[74] Hollis, Rachel: Selbstbewusst: Umarme das Leben und steh zu dir!, Holzgerlingen: SCM Hänssler, 2021, Kindle-Ausgabe.

[75] Dreher, Rod: Live Not by Lies, New York: Sentinel, 2020, S. 194.

[76] Chambers, Oswald: Mein Äußerstes für sein Höchstes, 5. November, https://input.efa-nuertingen.de/mit-ihm-leiden-5-november/#footno te_0_6698 (zuletzt aufgerufen am 18.04.2023).

[77] Chambers, Oswald: Mein Äußerstes für sein Höchstes, 5. November.

[78] John Stuart Mill, Über die Freiheit, Nikol Verlagsgesellschaft mbH & Co. KG, Hamburg 2018, Kindle-Ausgabe.

[79] Hollis, Rachel: Schmink's dir ab – Lass die Lügen los und lebe, Holzgerlingen: SCM Hänssler, 2019, S. 59 f.; Kursivschrift hinzugefügt.

[80] Seuss, Dr.: Oh, the Places You'll Go! New York: Random House, 1990, S. 2.

[81] William Ernest Henley, «Invictus», in: The Oxford Book of English Verse 1250-1900, hg. von Arthur Quiller-Couch, Oxford: Clarendon Press, 1901. Dt. Übersetzung aus: https://de.wikipedia.org/wiki/In victus_(Gedicht, (zuletzt aufgerufen am 18.04.2023).

[82] Childers, Alisa: Girl, Wash Your Face? What Rachel Hollis Gets Right … and Wrong, in: AlisaChilders.com, 3. September 2018, https://www.alisachilders.com/blog/girl-wash-your-face-what-rachel-hollis-gets-rightand-wrong

[83] Hollis, Rachel: Schmink's dir ab – Lass die Lügen los und lebe, Holzgerlingen: SCM Hänssler, 2019, S. 7.

[84] Hollis, Rachel: Schmink's dir ab – Lass die Lügen los und lebe, Holzgerlingen: SCM Hänssler, 2019, S. 7, S. 10 f.

[85] E! News: Rachel Hollis Issues Apology after Privilege Video Backlash, in: YouTube, 6. April 2021, https://www.youtube.com/watch?v=f8ws0FmAsHc

[86] Hollis, Rachel: Schmink's dir ab – Lass die Lügen los und lebe, Holzgerlingen: SCM Hänssler, 2019, S. 12.

[87] Davies, Paul: The Fifth Miracle: The Search for the Origin and Meaning of Life, New York: Simon & Schuster, 1999, S. 28.

[88] Searle, John: Mind: A Brief Introduction, New York: Oxford University Press, 2004, S. 48.

[89] Wenham, John: Christ and the Bible, 3. Ausg., Eugene, OR: Wipf & Stock, 2009, S. 28.

[90] MacArthur, John: Truth Matters, Nashville: Thomas Nelson, 2004, S. 5.

[91] Morris, Leon: The Gospel according to Matthew, Pillar New Testament Commentary, Grand Rapids, MI: Eerdmans, 1992, S. 74.

[92] Merriam-Webster.com, s.d. «literal» in: https://www.merriam-webster.com/dictionary/literal

[93] Johannes 10,9; Johannes 10,11; Markus 12,10; Johannes 6,35; Offenbarung 5,5; Johannes 15,1; Matthäus 5,1314; Johannes 15,5; Johannes 10,11.

[94] Boice, James Montgomery: Foundations of the Christian Faith, Downers Grove, IL: InterVarsity Press, 1986, S. 48.

[95] Gaffigan, Jim: 4 Kids/Home Birth, in: YouTube, 16. April 2020, https://www.youtube.com/watch?v=-Jf2IGylAhE (zuletzt aufgerufen am 13.04.2023).

[96] Doyle, Glennon: Ungezähmt, Hamburg: Rowohlt, 2020, S. 262.

[97] Doyle: Ungezähmt, S. 262.

[98] Grudem, Wayne A.: Systematic Theology: An Introduction to Biblical Doctrine, Grand Rapids, MI: Zondervan, 1994, S. 199.

[99] Berkhof, Louis: Systematic Theology: New Combined Edition, Grand Rapids, MI: Eerdmans, 1938, 1996, S. 71.

[100] Stott, John R. W.: The Letters of John: An Introduction and Commentary, Band 19, Downers Grove, IL: InterVarsity Press, 1964, 1988, S. 161.

[101] Kreeft, Peter: Making Sense Out of Suffering, Ann Arbor, MI: Servant Books, 1986, S. 136, S. 138.

[102] Elliot, Elisabeth: Als Frau leben, Bielefeld: CLV, 2011, S. 23.

[103] Berman, Jillian: Why That ‹Like a Girl› Super Bowl Ad Was So Groundbreaking, in: Huffington Post, 3. Februar 2015, https://www.huffpost.com/entry/always-super-bowl-ad_n_6598328

[104] Roberts, Alastair: Why We Should Jettison the «Strong Female Charac-

ter», in: Mere Orthodoxy, 18. April 2016, https://mereorthodoxy.com/why-we-should-jettison-the-strong-female-character/?fbclid=IwAR0jHYbJO_UaPyukhmiWqOqHti8UG-9ZlYtG2vWBNTwKhhK7x4vWtMvHaG0#more-127342

[105] Doyle, Glennon: Ungezähmt, Hamburg: Rowohlt, 2020, S. 129.

[106] Doyle, Glennon: Ungezähmt, Hamburg: Rowohlt, 2020, S. 130.

[107] Doyle, Glennon: Ungezähmt, Hamburg: Rowohlt, 2020, S. 136.

[108] Stanton, Elizabeth Cady: The Woman's Bible (o. O.: 1898), S. 61.

[109] Stanton: The Woman's Bible, S. 5.

[110] Sommers, Christina Hoff: The War against Boys: How Misguided Feminism Is Harming Our Young Men, New York: Simon and Schuster, 2013, S. 3.

[111] Sommers, Christina Hoff: The War against Boys, S. 73.

[112] Der «Women's March on Washington» war ein Protestmarsch für Frauen- und Menschenrechte in Washington, D.C. am ersten Tag nach der Amtseinführung von Donald Trump, dem 21. Januar 2017.

[113] Hurtado, Larry W.: Destroyer of the gods: Early Christian Distinctiveness in the Roman World, Waco, TX: Baylor University Press, 2016, S. 157.

[114] Ciampa, Roy E. und Rosner, Brian S.: The First Letter to the Corinthians, Pillar New Testament Commentary, Grand Rapids: Eerdmans, 2010, S. 280–281. Zitiert in Carter, Paul: 5 Surprising Things the Bible Says about Sex, in: The Gospel Coalition Canadian Edition, 15. August 2018, https://ca.thegospelcoalition.org/columns/ad-fontes/5-surprising-things-that-the-bible-says-about-sex/

[115] Mathews, Kenneth A.: Genesis 1–11:26, The New American Commentary, Band 1A, Nashville: Broadman & Holman, 1996, S. 212.

[116] Mathews: Genesis 1–11:26, S. 214.

[117] Gerald L. Sittser: Water from a Deep Well: Christian Spirituality from Early Martyrs to Modern Missionaries, Downers Grove, IL: InterVarsity Press, 2013, S. 45.

[118] Hatmaker, Jen: Fierce, Free, and Full of Fire: The Guide to Being Glorious You, Nashville: Nelson Books, 2020, S. 11.

[119] Schaff, Philip (Hrsg.): The Complete Ante-Nicene & Nicene and Post-Nicene Church Fathers Collection: 3 Series, 37 Volumes, 65 Authors, 1,000 Books, 18,000 Chapters, 16 Million Words, London: Catholic Way Publishing, 2014, Stelle 61831 von 662192, Kindle.

[120] Sittser, Gerald L.: Water from a Deep Well, Downers Grove, IL: InterVarsity Press, 2007, S. 47–48.

[121] Cooper, John L.: Awake and Alive to Truth: Finding Truth in the Chaos of a Relativistic World, o. O.: Cooper Stuff Publishing, 2020, S. 94.

[122] Tozer, A. W.: The Radical Cross, Chicago: Moody Publishers, 2015, S. 138.

Weiterhin von Alisa Childers erhältlich

Alisa Childers
Ankern.
Eine Verteidigung der biblischen Fundamente
in postmodernen Gewässern

Dieses Buch ist ein starker Anker gegen gewisse Unterströme der postevangelikalen Theologie, die seit Jahren die apologetischen Fundamente der Kirche unterspülen und zu einer ernsthaften Erosion des Glaubens führt. Alisa Childers beschreibt eindrücklich, was ihren eigenen Glauben ins Wanken gebracht hat, welche konstruktivistischen Denkfiguren hier toxisch und destabilisierend wirkten und wie sie durch den Zweifel hindurch einen gefestigten Jesus-Glauben zurückgewinnen konnte.

978-3-03848-206-2 | 304 Seiten | Klappenbroschur

Vielleicht auch interessant für dich?

Sharon Hodde Miller

Free of Me

Vom Glück des selbstvergessenen Lebens

«Ich habe gelernt, dass es zwei tiefliegende Gründe für Unsicherheit gibt: Manchmal, ja, da geht es um fehlende Selbstannahme. Du kannst die Wahrheiten, die Gott über dich ausspricht, noch nicht glauben. Und an diesem Punkt will Gott uns heilen! Aber es gibt auch noch einen zweiten, eher unbekannten Grund für schmerzhafte Unsicherheit, und das ist das ständige Kreisen um sich selbst.» In *Free of Me* beschreibt Sharon, wie Selbstbezogenheit wichtige Bereiche ihres Lebens sabotierte, und erzählt von vier praktischen Schritten, die ihr geholfen haben, sich neu auf Gott und andere auszurichten. – Ein neuer Fokus, dank dem sie Sicherheit gefunden hat: nicht in sich selbst, sondern bei Jesus.

978-3-03848-201-7 | 240 Seiten | Klappenbroschur